DEUTSCHLAND 4.0

德国
4.0

如何成功向数字化转型

Wie die Digitale Transformation gelingt

[德] 托比亚斯·科尔曼　霍尔格·施密特

著

杨文革

译

广西师范大学出版社

·桂林·

First published in German under the title
Deutschland 4.0: Wie die Digitale Transformation gelingt
by Tobias Kollmann and Holger Schmidt, edition: 1
Copyright © Springer Fachmedien Wiesbaden, 2016 *
This edition has been translated and published under licence from Springer Fachmedien Wiesbaden GmbH, part of Springer Nature.
Springer Fachmedien Wiesbaden GmbH, part of Springer Nature takes no responsibility and shall not be made liable for the accuracy of the translation.

著作权合同登记号桂图登字:20－2019－187 号

图书在版编目(CIP)数据

德国 4.0：如何成功向数字化转型／（德）托比亚斯·科尔曼，（德）霍尔格·施密特著；杨文革译.—桂林：广西师范大学出版社,2021.9

（世界知库／刘广汉主编）

ISBN 978－7－5598－3039－5

Ⅰ.①德… Ⅱ.①托… ②霍… ③杨… Ⅲ.①制造工业－工业企业管理－数字化－研究－德国 Ⅳ.①F451.664－39

中国版本图书馆 CIP 数据核字(2020)第 128750 号

德国4.0：如何成功向数字化转型

DEGUO 4.0: RUHE CHENGGONG XIANG SHUZIHUA ZHUANXING

出 品 人：刘广汉
策划编辑：尹晓冬
责任编辑：刘孝霞
助理编辑：宋书晔
装帧设计：李婷婷

广西师范大学出版社出版发行

(广西桂林市五里店路9号　　　邮政编码：541004)
(网址：http://www.bbtpress.com)

出版人：黄轩庄

全国新华书店经销

销售热线：021－65200318　021－31260822－898

山东新华印务有限公司印刷

(济南市高新区世纪大道 2366 号　邮政编码：250104)

开本：650mm×960mm　　1/16

印张：13.25　　　　字数：190 千字

2021 年 9 月第 1 版　　2021 年 9 月第 1 次印刷

定价：58.00 元

如发现印装质量问题,影响阅读,请与出版社发行部门联系调换。

作者简介

托比亚斯·科尔曼（Tobias Kollmann）博士是杜伊斯堡-埃森大学电子商务和电子创业专业教授，1996 年以来一直致力于对互联网、电商企业和电子商务领域的科学问题进行研究。《商业朋克》杂志（2014 年第 2 期）认为，科尔曼教授是德国互联网场景中 50 位最重要的人物之一，既是研究员、演讲者，又是顾问、专家、投资者和政策先锋。

作为 AutoScout24 公司的共同创始人，科尔曼教授同时也是德国初创企业场景和电子商城的先驱之一。在过去十五年中，作为投资天使他还为数字经济领域的众多初创公司提供了资金，并因此于 2012 年被德国投资天使网选为"年度投资天使"。2004 年，科尔曼教授作为"德国应用程序发明人"，以发起人和项目经理身份与合作伙伴德国移动 T-Mobile 和摩托罗拉一起，把德国第一个移动应用程序投入了应用——用于报道基尔周活动的基于手机通用移动通信系统的门户网站。此外，他还编写了颇受欢迎的电子商务和电子创业教材，作为该领域的主要权威书目，这套教材目前已经出到了第六版。2007 年，他凭借自己关于数字经济基础与创始知识的大学教学理念获得了联合国教科文组织的企业家奖。

科尔曼教授是德国数字经济领域的主要政策顾问之一。2012 年，他的论文《德国的信息通信科技创业》受到默克尔总理的重视，为此默克尔专门邀请他到总理府座谈。2013 年，时任联邦经济和技术部长的菲利普·罗

斯勒邀请他加入经济部新成立的"初创数字经济"顾问委员会，2013 年 4
月，他当选为该机构的第一任主席。2014 年 3 月，在 2013 年联邦议院选
举后举行的第一次会议上，在加布里尔担任联邦经济部长后，他获得留任
并再次当选顾问委员会主席。在他的领导下提出的建议成了联邦政府制定
数字议程领域的联合政府协议的基础。2015 年 5 月 16 日，他再次当选新
一届顾问委员会主席。2015 年 12 月 27 日，在德法数字经济大会上，他
在爱丽舍宫发表演讲后与法国国家数字委员会主席一起把题为"欧洲数字
创新和数字化转型"的创新行动计划递交给了德国经济部长加布里尔和当
时的法国经济、工业和数字事务部部长马克龙，计划中列出了加强欧洲数
字经济竞争力的各项建议。

　　2014 年 3 月，科尔曼教授被北莱茵－威斯特法伦州经济部长加里尔
特·杜恩任命为北威州负责数字经济的第一任专员。2015 年 6 月 19 日，
他与州经济部长一起介绍了针对北威州的数字战略，文件题为"为建立数
字化商业流程和商业模式争取人才，资本，初创企业、中小型企业和大型
工业企业之间的合作以及为了它们而进行合作"，该战略为发展北威州的数
字经济提出了资金规模为 4 200 万欧元的一揽子措施。

　　后来他一直在为活跃在数字经济领域或者想要发展数字经济的企业
和初创公司举办相关的动员报告、研讨会、审核会和工作坊，这些活动以
"重启——我们为您启动电子商务"为品牌名称。科尔曼教授从事这方面的
工作已经超过十五年。此外，他还是瑞士国际大山伙伴公司的董事会成员，
在科技公司投资超过 150 项，并且是来自杜伊斯堡的上市公司克罗克内的
监事会成员。

　　研究和教学：www.netcampus.de

　　技术转让和讲座：www.netstart.de

霍尔格·施密特（Holger Schmidt）博士担任记者已有二十多年，负责撰写有关经济和媒体数字化的文章。施密特毕业于经济学专业，是德国最著名的数字记者之一，主要关注对象为经济与工作的数字化转型的经济学问题。

施密特毕业于吉森大学国民经济学专业，后在该校担任助理研究员，1997年完成了以"气候保护的国际分布效应"为题的博士论文，获得博士学位。毕业后在《法兰克福汇报》报社担任经济编辑十四年，负责每周一次的"网络经济"专栏、纸媒编辑部与线上编辑部的协调以及战略性线上项目。2008年，施密特推出了自己的"网络经济学家"博客，该博客随后成了德国数字经济领域最受欢迎的出版物之一，读者达数百万。2012年初，他加入了新闻杂志《焦点》，成为负责报道数字经济的首席记者。2014年以来，施密特担任《焦点》杂志驻柏林记者，并担任驻硅谷以及纽约的记者，负责报道数字经济，先后采访过马克·扎克伯格（脸书）、埃里克·施密特（谷歌）、杰夫·贝佐斯（亚马逊）、贾恩·科姆（WhatsApp）、玛丽莎·梅耶（雅虎）、里德·哈斯廷斯（奈飞）、凯文·希斯特罗姆（Instagram）、杰克·多尔西（推特）、梅格·惠特曼（eBay、惠普）、安德鲁·麦克阿菲（麻省理工学院）、埃里克·布里尼奥尔福森（麻省理工学院）以及数字世界的许多其他伟大人物。施密特在《焦点》杂志社还负责"数字之星奖"的评奖工作，该奖项在每年的布尔达数字生活设计大会上颁发，旨在奖励德国的最佳数字创新项目。

施密特博士报道的重点主题为数字经济、平台、数字化商业模式、数字领导、"工业4.0"、"工作4.0"、物联网、机器人、人工智能、虚拟现实、社交媒体、媒体经济学和数字通信，因此也是所有数字化主题的热门演讲嘉宾。他的演讲被视为网上演讲的衡量基准，每次演讲的浏览次数都高达数万人次。（可在slideshare.net网上搜索Holger Schmidt）

此外，施密特博士也在高校任教，给学生开课传授知识，在达姆施塔特工业大学经济信息系开设"数字化转型"讲座；在汉堡媒体学院为经济信息学专业的研究生开设课程。除了授课外，他还通过工作坊和研讨会帮助记者及沟通者为应对数字世界做好准备。在德国记者中，他是数字化和社交媒体的先驱之一。

平台和博客：www.netzoekonom.de

新闻和知识：www.twitter.com/HolgerSchmidt

前　言

　　数字化意味着社会、经济和政治的变化，也意味着我们每个人都在变化。这样的变化我们每天都会感受到，比如，使用智能手机，上网预订旅行，通过社交媒体网络与客户沟通，在学校、公司和政治决策过程中正确使用数字媒体。但是，我们不能为这些变化所驱使，而是必须积极共塑这种变化。不幸的是，要对这一变化做出回应，不是仅仅按一下"技术按钮"那么简单，我们必须首先培养自己的"数字人才"，真正理解并开始数字化转型。这些"数字人才"既不可能订购到，也不可能委托他人来培养，只能通过为当代人和下一代人建立自己的数字化知识体系来培养。

　　作为基于互联网的横向技术，数字化对经济和社会生活各个领域的影响都非常深刻，没有任何私人用户或者企业家可以置身事外。随之而来的信息、通信与交易流程的数字化转型带来的结果是，雇主和雇员需要面对新的行动领域，人们需要对数字市场及其参与者的作用方式有新的认识。如今，企业面临的国际化线上竞争挑战已经席卷所有行业，媒体、零售业和音乐行业的变革十年前就已经开始，而在运输与物流、汽车、金融及机器制造等领域，变革才刚刚开始。

　　在这一背景下，不仅产品会发生变化，产品的服务项目也会发生变化，将来服务会变得更加重要。产品和服务两个领域都必须包含数字增值过程，企业家和员工需要对这一点有新的认识，具备建立数字化商业模式所需的技能。与此同时，实体经济活动与数字经济活动之间的边界也正在消失。

　　作为主要工业国家，德国也必须成为数字经济的强大参与者！虽然德国在传统产业领域拥有众多的世界市场领先者，但没有一家旗舰型数字企业来自德国。而谷歌、脸书等互联网巨头正在越来越多地渗透进实体经济并（试图）改变游戏规则，德国面临的形势因此将变得更加严峻。面对这一变化，我们希望根据过去的经验，对德国在社会、经济和政治领域的数字转型的框架条件进行分析，阐明现状，并就未来必须要做出的变化给出一些启示。德国从迄今为止的数字化发展中学到了什么？德国社会与经济领域数字化转型的现状如何？政府应该如何应对才能确保德国将来能够在数字竞争中迎头赶上？简而言之，与其他国家相比，德国在数字化方面处于什么位置？要向何处发展？因此，我们进行分析的公式是：

数字化

―――――――――

+ 社会 4.0

+ 技术 4.0

+ 经济 4.0

+ 工作 4.0

+ 政治 4.0

―――――――――

＝ 德国 4.0

托比亚斯·科尔曼、霍尔格·施密特

2016 年　科隆 / 法兰克福

目 录

1

社会 4.0

　　根据德国联邦统计局的数据，克劳迪娅·穆勒（Claudia Müller）是德国最常见的姓名。普通的德国人穆勒女士①于 6 点 18 分起床，平均花 26 分钟洗漱、准备早点，然后吃早餐。她已婚，有一个孩子和一只宠物，上班路上要花 21 分钟，遇上交通拥堵并不罕见。她一般都是 8 点开始工作，10 点 40 分已经喝了第二杯咖啡，12 点半去食堂吃饭，下午 5 点下班，平均月收入为 2 469 欧元。回家后打扫租住的公寓，做晚饭，晚上 6 点半吃晚饭。如果晚上 8 点 15 分电视里播放故事片，她 8 点左右就会坐在沙发上打开电视。根据"德国之声"编辑丽吉娜·迈尼希的一篇报道，这就是"典型的德国式日常生活"[1]。到目前为止，这一切看着似乎还不错……

　　但是在数字时代，穆勒女士典型的日程安排是这样的：早上 6 点 18 分，苹果手机（iPhone）上设定的默认闹铃"雷达"负责叫醒她，这个声音通过装在床垫下面的传感器控制床垫，按照她的生物钟轻微振动，把她从梦中唤醒。醒来后她先伸手去拿床头柜上的苹果平板电脑（iPad）——以前那儿放的是晚上睡觉前要看的书，现在，睡前她会躺在床上在平板电脑上读一会儿最新的畅销书或者观看奈飞（Netflix）的最新视频系列，起床前还会查看并回复晚上收到的电子邮件，然后再在脸书上浏览最新消息。

---

① 此处以该姓名代指普通德国人，并非实指。（脚注为译者注，下同）

脸书上的消息比传统媒体更新得更为及时，所以她早已退订了报纸。随后她又很快在 Instagram[①] 上浏览了一下昨天晚上朋友们发来的照片，免得工作中大家闲聊时自己不知道说什么。

　　然后，通过蓝牙与牙刷连接的平板电脑会把穆勒女士的最新个人牙齿护理统计数据显示给她，厨房里的家庭自动化系统已经为她煮好了热咖啡。同样，智能手机会告知她现在开车去上班所需的时间，并规划好备用路线，因为常规路线今天封路。入户门上的传感器会显示离家时间，并按照该时间自动激活汽车的所有供给系统，包括供暖以及导航系统。通过谷歌地图，导航系统在穆勒女士用早餐时就已经知道她选择了哪条路线。上车后，系统会先爽朗地说一声"早安克劳迪娅，苹果汽车（Apple-Car）祝你今天万事顺意"，然后车载电脑会告诉她，刮水器的磨损程度已经达到80%，随后苹果的智能语音助手（Siri）会问："要不要订购新的雨刮器，由亚马逊当日送达服务在停车位上更换？"穆勒对着汽车的声音数据云系统说"是"。到办公室后首先当然是打开办公桌上的电脑。

　　接下来穆勒女士这一天可能还打开脸书和推特（Twitter），使用亚马逊会员箱（Amazon Pantry）网购食品，送到工作地点，自己下班再带回家，上缤客网（booking.com）预订公差或者私人旅行，使用网络电话（Skype）参加视频会议，在 Instagram 上查看网友对照片的评论，登录星网（Xing）[②]和领英（LinkedIn）咨询业务问题，用苹果内置的视频通话软件（Face Time）给早一点回到家的孩子打电话，孩子早回到家也完全没有问题，因为孩子可以用她传来的二维码开启入户门的传感器。当然，这一切在时间上交织在一起，私人活动与工作不断切换，界限已经模糊。这同样不是问题，因为在"工作 4.0"时代，自动时间采集系统可以把这些时间分开，并把私人活动时间扣除掉。毕竟，穆勒女士起床后已经在家里查看并回复了工作邮件。在这种日程安排的大背景下，信息、沟通、交易（几乎已经）完全掌握

---

① Instagram，国际知名的图片、视频网络分享平台。
② 该网站也被称为德国的领英，是德国使用人数最多的职场社交网络。

在数字之手中，社会因此也（几乎已经）完全掌握在数字之手中。

然而，问题是，谁在主导这只数字之手，以及这只数字之手对我们是否是一番好意……

这一切是如何开始的？

计算机及其用户的数字互联始于 1969 年，那时这一网络只是少数在美国国防部军事领域工作的人在用，互联程度相对有限。当时没有人会想到该网络会成为一种开放的、可自由访问的新通信媒介。为了更有效地利用这个计算机网络有限而又昂贵的计算能力，并通过把计算能力分散存放在不同的地方使其得到更好的保护，少受损失，国防部把大学和研究机构接入该网络，实现了网络的第一次开放。然而，这样做并没有大幅度改变计算机用户刚开始时互联程度不高这一情况。

1987 年前后，现在称为"互联网"的数据网络对企业和私人开放，建立横贯全球的通信媒介（万维网）的前景才受到了人们的关注。由于浏览器使用图形用户界面，没有信息技术知识的广大普通人也可以参与到数字网络中来。研究机构、公共机构、公司和个人的计算机越来越多地相互连接在一起，使信息的交流更加快捷、成本更低，而且不受时间与空间的限制。这就形成了一个"虚拟空间"，通过数据线（最初是通过电话线，后来是通过专用的数据线）连接到网络中的参与者在信息、通信和交易方面实现了不受限制的交流。互联网服务提供商的广告词"我在网上"成了网民人数快速增加的象征。从社会渗透的速度看，参与者以如此快的速度增长是前所未有的。

在那以后发生了很多变化，有一些基本数字确乎可以帮助人们了解德国社会数字化转型的现状，它们描述了我们使用数字传播的方式以及通过数字传播方式展开的日常生活。德国电视一台和二台[2]、德国信息通信技术和新媒体协会[3]以及联邦经济和能源部[4]开展的多项研究表明，现在大约 80% 的德国人可以访问网络，大约 63% 的人每天都上网，其中 62%的人通过移动设备上网，尤其是智能手机。三分之二的互联网用户活跃在其中一种社交网络上，90% 的德国人上网购物，其中 40% 甚至经常网购。

80% 的德国企业有自己的网站，2015 年纯"数字经济"实现的产值约为 730 亿欧元，大约占国内生产总值的 3%。

尽管德国的互联网用户数量只是在高水平上缓慢增长，但是对过去情况的统计分析表明，有一个主要数字有着重要意义，即过去十年中德国网民每天上网的平均时间一直在稳步增加。1997 年德国人每天的上网时间平均还只有 76 分钟，到 2015 年就已经达到共计 160 分钟，这意味着人们每天都要上网 2.6 小时！ 14 到 29 岁这个年龄段的人上网时间甚至超过了 4 小时，年轻人主要是上 WhatsApp[①]、脸书、推特、Instagram 等网站。除去研究人员推荐的睡眠时间，人们一天中有长达 25% 的时间都花在了数字媒体上。换句话说，人们已经将作为社会基本单位的"交际时间"转移到了数字空间，数字空间越来越多地成为人们进行社会交流和经济交流的主战场。

● 由此可以得出"**德国 4.0**"的第一个**数字化范式**是：我们必须承认，数字技术已经确立，我们所能做的只能是学着将其（更好地）用于社会和经济领域，除此之外别无选择！

上述分析已经证明，数字化转型不仅早已启动，而且将来还会继续发展。原因很简单，不仅上网的人越来越多，而且上网已经大众化，人们参与网络活动或者在网上度过的时间也越来越长。年轻人是这种变化的推手，经验告诉我们，他们不会随着年龄的增长而大幅改变其上网行为。上网的人越来越多、上网的时间越来越长是社会、经济，同时也是政治变革的两个关键因素。这种发展趋势不会逆转，因为任何可以更快、更经济、更方便地解决问题或者满足人们需求的技术都获得了人们的认可。与此同时，德国电视一台和二台 2015 年关于使用网络的线上研究表明："一旦发现了互联网的好处，人们通常就不会再离开它，受新内容和设备类型的影响发

---

① **WhatsApp**，一款用于智能手机的即时通讯应用程序，可发送、接收信息、图片、音频和视频文件。

生改变的只是人们的上网行为。"[2] 由此看来，虽说有人反复呼吁国家关闭互联网，但是这就如同要求撤回车轮的发明一样，是毫无意义的。换句话说，在这种情况下，我们"只能"充分利用网络，争取最好的结果。

德国在这方面处于什么位置？

最迟从 20 世纪 90 年代初期开始，数字信息技术已经在社会和经济领域引发了非常剧烈的结构变化。在此之前，计算机和网络仅供少数专家使用，但现在它们已经成了日常生活的一部分。数字技术无处不在，物联网将使人类再次向前迈出一大步。要实现更大规模的数字互联，信息技术的不断进步及其重要性的日益增长过去是现在仍然是必不可少的先决条件。

关于技术渗透的程度，以下几个参照点可以说明问题。德国信息通信技术和新媒体协会的民意调查表明，"86% 的男性和 72% 的女性有计算机，不同年龄的人群之间存在很大差异。在 14 至 29 岁的人中，使用电脑者为 98%，也就是说几乎是全部。在 50 至 64 岁的人群中，使用电脑者仍然高达 79%。在 65 岁及 65 岁以上的老年人中，使用电脑者的比例显著降低（尽管从统计数字看这一人群中使用电脑者的增长率最高），只有 41% 的人使用电脑，也就是说是少数。此外，调查还表明，接受正规教育的程度与计算机的使用之间存在相关性。普通中学的毕业生中有三分之一的人不会使用电脑，但重点中学的毕业生以及大学毕业生中只有 7% 的人不会使用电脑"。[5]

除了使用计算机上网，使用移动设备上网也变得日益重要。联邦统计局的统计数据表明，2013 年以来超过 90% 的私人家庭至少拥有一部手机，同样是在这一年，使用智能手机上网的网民首次达到了网民总数的一半。[6] 德国电视一台和二台 2015 年进行的线上研究表明，这一比例目前上升到了 55%。研究报告中还写道："无论使用何种终端设备，尤其是使用网络的强度都在增加，每天的户外上网时间不断增加使这一趋势更为明显。而在 2016 年，每天上网人数已达 4 450 万人，比上一年增加 350 万人。从使用时间和使用频率来看，通过移动设备访问网络的用户使用网络的强度最高。除了户外移动上网之外，互联网整体上也变得越来越重要。日常生活中的所有问题和主题都离不开互联网，各年龄段的人群均是如此。在 14 至 29 岁的人中，在与朋友和熟人保持联系方面，互联网要更为重要一些。"[2]

- 由此可以得出"德国 4.0"的另一个**数字化范式**是：我们应该认识到，数字技术本身并无好坏之分，至关重要的是我们利用数字技术所做的事情。因此，个人电脑、手机或者平板电脑既不是魔鬼也不是救世主，而只是让人们在获取信息、通信和交易方面多了一个更加快捷的渠道。

除了必须具备能够上网的终端设备以及对网络的密集访问，使用数据的速度问题也起着决定性作用。2015 年柏林宽带峰会报告指出："就在德国这个经济区位进行各种创新活动而言，强大的数字基础设施与可靠的电力供应有着同样的重要性。"[7] 在 2015 年秋季大会框架内提出的宽带倡议也强调指出："对于当今社会而言，数字基础设施也是重要的基础设施，是企业确定区位政策的重要因素。数字基础设施正在改变工作，并在重构传播渠道和社会组织，简而言之，数字基础设施是德国数字化转型的基础。"[8] 因此，为广大民众和经济活动提供"快速互联网"非常重要。

然而，鉴于人们对快速网络的期待，必须坦陈它的发展还远远"不够"，因为应用程序的复杂性将越来越高，而且普通人对媒体的使用也将越来越多地转移到网络上。人们预计，网速因而总是会落后于人们的期待。所以德国对平均网速的要求将不断提高也就不足为奇了。

- 由此可以得出"德国 4.0"的又一个**数字化范式**是：数据网必须具有一定的速度，但是对于实现社会和经济的数字化转型而言，这种速度是不够的。在使用数字能力方面，或者说得更确切一些，对于使用数字能力而言，网络必须得"相对"（更）快一些！

联邦政府确立的政策目标是，到 2018 年在全国范围内普及网速至少为

每秒 50 兆的高速网络接入。这并不是新目标，联邦政府早在 2009 年就已
经提出网络要覆盖全国人口的 75%。联邦交通和数字基础设施部的官方数
据表明，2014 年时距离实现这一目标仍然有高达 11% 的差距。[9]专家认
为，即使到 2018 年这个目标也无法实现，尤其是广大农村地区的网络供应
可能成为实现该目标的困难所在。

另一些人预测，对于复杂的互联网应用、云服务和媒体流而言，即使
是每秒 50 兆比特的网速也仍然可能太慢了一些。在使用者对网络性能的期
待不断攀升的情况下，如果传输技术没有明显的飞跃性发展，这场网速竞
赛难以获胜，因为农村地区的快速基本网络供应与大都市和经济中心所需
的高速网络供应存在很大差异。如果想要实现千兆级的传输速度，目前常
用的超高速数字用户线路（VDSL）网络是无法满足需要的。在上述情况
下，这场网速竞赛尤其难以获胜。

在这一背景下，联邦统计局针对 2014 年的情况指出，每 100 个德国人
"只有" 35.8 个宽带接入。[10]根据维基百科，国际电信联盟（ITU）将"宽
带服务或者系统定义为数据传输速率超过每秒 2 048 千比特［相当于综合
业务数字网（ISDN）的主复合速率］的网络，德国联邦统计局和世界银行
也将这一定义用作全球发展指数中的一项标准"。[11]统计数据表明，平均
访问速度为每秒 10.7 兆。根据阿卡迈（Akamai）公司发布的互联网现状报
告，德国只有大约 15% 的网民上网速度超过每秒 15 兆。[12]这个速率不仅
与所规定的 50 兆的目标"相差千里"，而且也表明德国作为现代化工业国
家就平均网速而言仍然处于第三世界国家的水平。

其他国家处在什么位置？

根据数字说世界网（world-in-zahlen.de）2007 年的数据，从国际比较
看，德国尽管在计算机基础装备方面的表现还不错，但是也只是勉强进入
前十，排在前十中的最后一位。[13]很多国家排在德国之前，比如韩国、丹
麦、冰岛、澳大利亚、瑞典、卢森堡和瑞士等。美国以每千人拥有 794.65
台计算机（德国为 602.94 台）在排行榜上领先其他国家。在关于互联网使

用情况的国际比较中，小国卢森堡（每千人中有网民 927.29 名）领先丹麦和美国，德国排名第八，每千人中有网民 678.71 人，落后于新加坡、芬兰和加拿大。有人可能会认为，情况到 2012 年就会有所改善，但是根据经济合作与发展组织（OECD）的国家数据汇编，德国的平均个人电脑普及率为 87% 左右，仍然只排在第九位，位于荷兰、丹麦、卢森堡、芬兰和英国之后，冰岛以 95.5% 的家庭电脑普及率领先其他国家[14]。

根据 2015 年数字、社交和移动通信报告，菲律宾网民通过电脑上网的时间为每天 378 分钟，排在全球首位，泰国、巴西和越南位居其后[15]，也许这些国家并不正好是德国想要作为参照的国家，但是它们至少是新兴线上国家的榜样。然而，德国之外的世界前五大经济强国在这方面的表现看起来也要好得多，美国网民通过计算机上网的在线时间为 294 分钟，中国和法国为 234 分钟，英国为 240 分钟，日本为 186 分钟，这些数字中都不包括通过移动设备上网的时间。要提醒大家注意的是，德国人通过个人电脑、笔记本电脑和手机上网的总时间仅 160 分钟。

谷歌消费者晴雨表显示，尤其是就具有上网功能的智能手机的普及率而言，2014 年德国在国际比较中排在第二十四位。领先者为新加坡，85% 的居民拥有智能手机，前十名中的其他国家和地区依次为韩国、瑞典、中国香港、西班牙、中国、丹麦和英国。德国的智能手机普及率为 50%，排在德国前面的国家还有斯洛伐克、以色列、加拿大、美国、爱尔兰、澳大利亚等许多国家。[16] 由于通过移动设备上网变得越来越重要，智能手机的普及率当然也会渗透到网络的使用上。

根据 2015 年数字、社交和移动通信报告，阿根廷和沙特阿拉伯网民每天平均在线时间为 252 分钟，泰国网民为 246 分钟，巴西为 228 分钟。菲律宾网民通过移动设备上网的时间为 198 分钟（＋通过电脑上网的时间 378 分钟），美国为 150 分钟（＋电脑、笔记本上网时间 294 分钟），中国为 156 分钟（＋234 分钟），日本为 60 分钟（＋186 分钟），法国为 78 分钟（＋234 分钟），英国为 114 分钟（＋240 分钟）。[15] 要提醒大家注意的是，德国人通过台式电脑、笔记本电脑和手机上网的总时间仅 160 分钟，这个巨大差异向人们抛出的问题是，德国的网络普及程度到底如何？

> ● 由此得出"德国4.0"的又一个**数字化范式**是：只有那些长时间密切关注媒体的人才能发现机遇和风险，并对数字空间中的可能性也加以利用！

结合宽带供应的比较也可以引出上面这个问题。上文已引用过的联邦统计局2014年的统计数据表明，德国在网络供应方面仅仅排到第十三位。在宽带供应方面，领先者是瑞士，拥有宽带接入的网络用户占46%，在丹麦和荷兰这一比例为41.4%，法国为40.2%，英国为37.4%。[10] 当然，除了纯粹的宽带接入比例之外，数据传输的速度也很重要，因为并不是所有的宽带都是一样快！根据阿卡迈公司发布的2015年第三季度互联网现状报告，德国的宽带网速平均为每秒11.5兆，在国际比较中仅排在第二十二位。在移动互联网方面，韩国以平均每秒20.5兆的网速领先其他国家，瑞典为每秒17.4兆，瑞士为每秒16.2兆，中国香港为每秒15.8兆，荷兰为每秒15.6兆，日本为每秒15.0兆。英国的网速为每秒13.0兆，扩大了领先德国的优势；美国的网速为每秒12.6兆，也同样排在德国之前；斯洛伐克的网速为每秒11.2兆，与德国的水平大致相当。[12]

但是，宽带接入覆盖率及其平均速度应该结合所访问网页的数据容量"相对"来看。2012年谷歌分析（Google Analytics）博客进行的"页面加载时间"调查显示，"日本的网页加载时间明显低于5秒，在国际比较中排名榜首。网页加载时间同样在5秒钟内的国家还有瑞典、加拿大和英国。德国的网页加载时间为5.6秒，在参与调查的国家中已经排到了第五名"。[17] 根据阿卡迈发布的2015年第三季度互联网现状报告，德国的网页平均加载时间已经缩短为2.2秒，这个数字看上去已经好了许多，但与瑞典的1.7秒、丹麦的1.6秒和新西兰的1.1秒相比，德国还是不在前列。[12] 一方面，网站的数据量在增加，另一方面，视频流使互联网越来越"堵"，这两个问题仍是所有国家需要面对的问题。

从国际比较看，所有这些基本数据和框架条件对实现数字"德国 4.0"而言又意味着什么呢？简而言之，德国目前还不是一个线上国家！虽然在个人电脑基础装备方面还相对较好，但在智能手机的使用上已经明显落后。智能手机"在线时间"是对作为媒介的互联网进行原则性分析的指标，德国人的手机上网时间要低很多，而这其中还没有考虑到底有多少时间是有效使用时间。在宽带覆盖和访问网络的速度方面，德国也不在顶级联盟里。因此，德国根本就没有成为网络强国的支撑条件。进一步的技术变革已经在"驱使"我们前进，或许很快就会触及"数字门槛"，在这种情况下德国的网络建设速度愈加让人感到遗憾。

1.1

技术发展

计算机、笔记本电脑等设备的功能越来越强大，体积越来越小，速度越来越快，这里不再赘述。这些设备的功能越来越多，或者说可以承担越来越多的功能，性能不断得到提升，可以用于生活和经济的几乎所有领域，这同样不是这里讨论的重点。然而，数字领域的几个技术变化还是有必要在下面简短讨论一下，依据是德国信息通信技术和新媒体协会发布的题为"2015 年电子消费产品的未来"的研究报告[3]。

智能手机

智能手机的成功始于 2007 年上市的苹果手机。无论如何，这已经是三年后的事情，实际上在三年前作为报道 2004 年基尔周① 活动的门户网站，

---

① 基尔周（Kieler Woche），也称为基尔帆船赛（Kiel Regatta），是一年一度的国际性综合帆船比赛。

德国基尔大学的项目团队在田野试验中已经在当时尚显粗笨的摩托罗拉手机上测试了第一个基于手机通用移动通信系统（UMTS）的应用程序，该应用具有图形化的内容界面、导航功能和动态画面选项。然而，正是美国苹果公司将这一设想作为苹果手机不可或缺的一部分推向了市场。根据德国信息通信技术和新媒体协会发布的研究报告，"2015 年德国售出的智能手机预计达到 2 560 万部，比前一年增加 5%，销售额甚至将增长 7%，达到 91 亿欧元"。从手机制造商的众多商业广告和精心制作的演示中可以看到，客户希望高质量的智能手机内存更大，屏幕也更大。在全球主要手机供应商中没有来自德国或者欧洲的企业。

平板电脑

苹果公司通过苹果手机在手机行业获得了成功，然后把该模式通过苹果平板电脑几乎是完全复制到了新出现的平板电脑市场。然而，这个 2010 年启动的市场也并不是全新的，只是所有之前的尝试都没有获得成功而已。根据德国信息通信技术和新媒体协会的研究报告，平板电脑市场"在上市后的最初几年中销售量和营业额都屡创纪录，之后增长速度趋于稳定，保持着缓慢增长的态势。2015 年，德国售出了约 770 万台平板电脑，数量比前一年增加 4%，但是销售额只有 21 亿欧元，增长率还不到 2%"。原因是平板电脑的价格不断下降，"四年前平板电脑的平均价格仍然高于 400 欧元，然而今年将低于 270 欧元"。尽管如此，或者说正是因为其很便宜，平板电脑才在市场上获得了成功。根据德国信息通信技术和新媒体协会的研究报告，出现这个结果的原因是，一方面，14 岁以上的德国人 40% 拥有平板电脑，即大约 2 700 万德国人；另一方面，使用行为发生了变化，晚上人们会在家里用苹果平板电脑玩游戏或者坐在沙发上看电视。作为"第二块屏幕"，平板电脑越来越多地成了媒体平台或者普通媒介的补充，因为电视机仍然没有足够好的节目回看性能，因此不具有交互性。此外，平板电脑与所谓的平板手机（Phablet）的边界已经变得模糊了，平板手机有时也被称为智能平板（Smartlet）。这种手机特别大，可以上网，屏幕尺寸在 5

到 7 英寸（约 127 到 177 毫米）之间。因此，平板手机被认为是将智能手机和平板电脑合二为一的混合设备，一些制造商把它定义为独立的设备类型。

根据德国信息通信技术和新媒体协会的研究报告，除了 2 560 万部智能手机和 770 万台平板电脑，预计 2015 年还将售出 630 万台笔记本电脑。此外，电视机的销售数字仍处于较高水平，"一是因为电视机图像质量的技术特征在不断创新，二是因为数字控制元素和娱乐元素也越来越多地渗透到了电视这个平台上。除了索尼的 Playstation 和微软的 Xbox 等游戏机，苹果电视（Apple-TV）等的电视机顶盒、三星等公司的集成多媒体产品、奈飞等应用的视频服务也加入了电视平台上的霸主争夺战"。在电视机上以用户友好的方式调用应用程序只是个时间问题，而且平板商务（T-Commerce）也将逐步普及。根据德国信息通信技术和新媒体协会的研究，如果把"所有这些媒体播放屏幕都加在一起，也就是说把智能手机、平板电脑、笔记本电脑和平板电视的屏幕加在一起，其总和将会创下新的纪录，预计德国 2015 年将售出共计 4 700 万台这类设备，2012 年以来德国已经售出超过 1.8 亿台这类设备"。

智能手表

苹果公司尽管之前并不是智能手表领域的潮流引领者，但正试图通过苹果智能手表（Apple Watch）实施其平台战略。微软、索尼，尤其是三星产品的上市速度更快一些，但是这几家公司是否也更成功还有待时间来证明。除了数字腕表的时尚复兴，应用程序也应该是人们使用数字腕表的动机之一。最初，保健功能、票务功能和支付功能是人们关注的焦点。再看看德国信息通信技术和新媒体协会的研究报告就可以知道，人们是多么渴望拥有一块智能手表："预计 2015 年仅在德国一个国家将会售出超过 64.5 万块智能手表，销售额可达约 1.69 亿欧元。"然而，市场还有很大的潜力可以挖掘，研究报告接着指出："40% 的德国人对智能手表感兴趣，也就是超过 2 800 万潜在用户。七分之一的人（14%）肯定会使用智能手表，四分之一的人（26%）可能会购买。尤其要指出的是，在 14 至 29 岁的人中，多达 56% 的人想拥有一块智能手表。"

可穿戴设备

智能手表本来就是所谓的可穿戴设备中的一个类别，也就是便携式计算机设备，使用时可以固定在身体上。根据德国信息通信技术和新媒体协会的研究报告，除了苹果手机、苹果便携式多功能数字多媒体播放器（iPod）等苹果公司的产品以及智能手表，"健身追踪器目前是可穿戴设备中最成功的一类产品，2014 年圣诞节期间已有 16% 的德国人计划赠送或者自购健身手环，销量高达 65 万个，2015 年销量预计将增长 65%，数量高达 100 万个。健身追踪器的销售额预计将增长 82%，达到 7 080 万欧元"。智能眼镜也是可穿戴设备中的一种。

智能眼镜

是否允许把人们所见的一切以图像信息方式投射到眼镜上，从而通过眼镜里的计算机系统自动观察、分析、记录和再现？围绕 2014 年才首次研发的谷歌眼镜（Google Glass）型号有许多争论。但是促使谷歌公司在 2015 年转变思路的并不是技术上的可能性本身，而是这些可能性在社会环境中的应用。戴这类眼镜的人有时会受到同伴的攻击，因为周围的人会觉得自己在未经许可的情况下受到了别人的注视。但是，谷歌并未将该课题束之高阁，而是计划在未来研发新的型号。也正因为如此，高德纳咨询公司 ① 的研究报告预测，十年内智能眼镜可能取代智能手机成为通信工具，而且其他的智能眼镜供应商也在继续研究这项技术。[18]

> ● 由此可以发现"德国 4.0"的又一个**数字化范式**是：我们在数字技术终端设备的制造方面已经败下阵来！因此，我们必须专注于为德国社会开发创新型应用，为德国经济开发创新型商业模式和流程。

---

① 高德纳（Gartner）咨询公司，也译为"顾能公司"。

虽然根据德国信息通信技术和新媒体协会的研究报告，"今天的使用场景主要定位于 B2B（企业对企业），但是终端用户和开发人员的想象力也被激发出来了"。而且研究中还写道："2013 年，只有 19% 的人认为自己可能会使用智能眼镜，一年之后这一比例已经达到 31%。2015 年，14 岁以上的德国人中有 38% 希望使用谷歌眼镜这样的设备，也就是 2 700 万人。"对接触智能眼镜几乎毫无恐惧感的人主要是年轻人，这并未再次让人感到奇怪。以服装为载体的计算机设备也属于可穿戴设备家族中的一员。

虚拟现实眼镜

在马克·扎克伯格看来，个人电脑和智能手机时代即将过去。作为脸书的创始人，扎克伯格更加关注未来，他认为："虚拟现实眼镜是下一个重要的计算平台，十年后将有 10 亿人使用这种眼镜。"试戴过这类眼镜的人就不想再回到现实世界，因为这个看起来有点笨重的设备会让观察者处于虚拟现实中。人们感觉不是在看电影，而是成为电影的一部分。内置传感器紧随每个头部动作，视野的改变完全像在现实世界中一样。结果是，几秒钟之后人将沉浸在情节之中，忘记所处的真实环境。但是扎克伯格的想法远不只游戏或者电影这类东西。据说，将来有一天人们会戴上一副改变自己生活、工作和沟通方式的耳机。2016 年可能是这个热门课题获得突破的一年，比如，欧酷来（Oculus）公司的头戴式显示器将于 2016 年推向市场。

虽然脸书是该领域的先锋，但还谈不上已经完全取得成功，因为如何对现实进行延展目前是科技场景中最热门的课题之一。该领域的领先者现在是谷歌公司，已与其他知名投资者一起向神秘的创业公司魔法飞跃（Magic Leap）投资了 8 亿美元，这家来自佛罗里达州的初创企业致力于开发一种可以连接虚拟世界和现实世界的技术，业界称之为"增强现实"。虽然眼镜是透明的，但是镜片会把图像投射到观察者的眼前，并通过附加信息把看到的东西进行虚拟扩展。苹果公司也在研究这个课题，并且已经为此收购了许多公司，如慕尼黑的梅塔伊奥（Metaio）公司。

另一家从事智能眼镜研究的企业是微软公司，其眼镜产品全息眼镜（Hololens）已发给第一批开发商。显而易见，医生、建筑师和设计师都可以成为该产品的用户。像奥迪这样的汽车制造商可让他们的客户进行虚拟试驾，也可以设想给厨房配备上这种眼镜，旅行社可以让游客先通过眼镜体验一下度假目的地。就像苹果手机2007年开启了应用程序经济的蓬勃发展一样，眼镜正走在开启计算机技术下一个发展阶段的康庄大道上。

智能服装

把计算机技术加入实体产品的做法仍处于起步阶段，但是第一批样品已经可以上市，比如滑雪设备中的雪崩安全系统、证明品牌服装真实性的电子标签、健身领域具有电子肌肉刺激功能的内衣。除了以上这些应用，企划和初步试点项目还有很多，有些已经上市。根据德国信息通信技术和新媒体协会的研究报告，"四分之一的业余运动员对智能运动服装特别感兴趣，也就是大约1 400万人"。把数字计算机技术用于服装的可行实践，让人觉得不久就可以在小至牙刷、大到洗衣机的各种各样的日常用品中实现线上联网与互联网技术的普遍融合。

物联网

物联网是指日常物品与因特网的普遍互联，旨在使这些东西之间可以通过因特网实现独立通信，可以为其所有者（部分地）自动执行各种任务。物联网的应用领域非常广，比如一般信息保障、自主下单以及警告功能和急救功能。无论是时尚概念还是试探性的未来愿景，物联网的发展趋势是，越来越多地把日常物品与数字化的数据交换联系起来。因此，根据德国信息通信技术和新媒体协会的研究，"2015年全年世界共售出10亿个互联物品，其中几乎一半出售给了B2C（公司对客户）行业"也就不足为奇了。莱娜·施泊尔在为《法兰克福汇报》撰写的一篇文章中这样描述由此产生的愿景："设想一下，你周围的所有东西，比如餐具、烤面包机、拴狗皮带、雨伞等，都与互联网连接在一起，并且彼此处在不断的对话当中。餐具配备了传感器，可记录你吃的东西和吃饭速度，并将数据发送到云端服务器，云端服务器再将这些数据与烤面包机、冰箱和烹饪锅收集到的个人饮食习惯数据集中到一起。如果吃得太快、太多或者吃错了东西，叉子会发出哔哔声。如果你没有按计划继续慢跑，烤面包机拒绝为你再烤制一片吐司，因为你的智能袜子会立刻把身体信息转发给烤面包机。狗项圈会提醒你必须带狗去看兽医，然后把医生诊所的数据库与你的日程安排表进行对照，并自动预约时间。雨伞由于从线上天气预报得知马上就要开始下雨，就自动变成了蓝色（以提醒自己的主人）。这就是呈现在'物联网'先驱们眼前的世界，他们雄心勃勃，也把这种网络称为'万物网'。"[19]人们很快就发现，不管是在日常生活中，还是为了日常生活，都要建立物联网，尤其要以家庭领域为中心。此外，根据预测，"工业物联网"也将在B2B领域发挥同样重要的作用，这一点将在"技术4.0"一章论述。

智能家居

全自动房屋按照一天中的时间段、室外温度和居住者的多少来调节热量、光线和百叶窗。（据预测，当房主拿着通过电信服务与自动系统可远程连接的苹果手机马上到家时，房子就会像电脑那样开机）当门上的传感器监测到主人离开房子时，房子就会关机。地板上的传感器还会监控人是否摔倒、长时间卧床不起或者需要帮助。总而言之，这些不是未来的梦想，今天已经可以做到，但是智能家居市场（还）几乎无法满足人们对智能家居的期望。德国信息通信技术和新媒体协会的研究发现："消费者对智能网联房屋的需求太少，然而最近这方面的发展已经显著加速。高速宽带接入的不断增加以及新的产品、服务和企业联盟几乎掀起了一轮小小的智能家居热。"国家信息技术峰会下属的网联家居焦点小组引用德勤（Deloitte）公司的调查预测指出，"德国智能家居家庭的数量将大幅增加，2018年将达到100万户"。[20]这种情况有望发展成为一场令人兴奋的家居数字化竞赛，目前还不清楚哪个平台会占上风。当房主一离开自己的智能住所，他的网联汽车已在门口等着他了。他关门的那一瞬间，汽车就已接到指令。

网联汽车

汽车作为德国人的挚爱会掌握在美国的数字公司手中吗？这有些难以想象，但未来并（非）没有可能，当顾客不再按照车辆技术标准购买汽车，而是对汽车中的数字服务更感兴趣时，就会发生这种情况。到那时，不再会有人问，你开的车是哪个品牌的，而是说你的车用的是什么操作系统。因此，市场正在等待谷歌汽车或者苹果汽车的到来，无论他们是否与现在的各大老牌汽车制造商进行合作。坐过特斯拉的人都会对超大型中控台和巨大的显示器产生深刻的印象，并会预想到这方面很快会推出什么数字服务。大众公司必须把有问题的汽车召回到车间更换其操控软件，但是特斯拉却是通过互联网每两周进行一次软件更新，更新中包含自动驾驶功能和节能系统。

围绕汽车的"数字竞赛"恰恰已经触及了德国经济的精华部分，互联网公司可以再次得到数十亿美元的生意。根据德国信息通信技术和新媒体协会的数据，如果互联网公司"打算将其线上服务更多地集成到车载软件中的话，出现上述情况便毫不奇怪。毕竟，消费者希望把所有生活领域的不断网络化也延伸到汽车上。高德纳咨询公司预测，到2020年全球将有大约2.5亿辆网联车上路行驶，90%的新车会连到互联网上[21]"。根据联邦经济和能源部的数据，由此形成的智能交通网络预计将能节省超过80亿欧元的资金。[4]

除了导航解决方案与信息娱乐解决方案之外，安全及驾驶员辅助系统和远程访问车辆现在也是关注的焦点。极致情况是，所有汽车通过互联网连接在一起，在道路上相互协调，从而实现无人自主驾驶。"无人驾驶汽车"的幻景已经流传开来，现在的问题是，如果市场有需求，谁来制造呢？谷歌无人驾驶汽车已经在美国的现场测试中共计行驶了160万千米，其间只有一次事故是软件引发的；在另外十一起事故中，肇事者是另一辆汽车的司机；还有一次事故是由于谷歌汽车的司机关闭了无人驾驶功能。

德国专家预计，无人驾驶汽车 2020 年才会真正出现在德国的道路上，在此之前，需要澄清各种法律问题以及责任，这是典型的德国行事方式。

- 由此可以得出"德国 4.0"的**数字化范式**是：我们不能总是只关注责任的法律问题以及新技术可能带来的负面后果，还要关注技术进步带来的社会和经济机遇！

总而言之，这些都是实施数字化的许多已知的甚至未知的可能性。然而，德国信息通信技术和新媒体协会的另一份研究报告指出，只有 64% 的德国人对信息与通信技术方面的技术创新持积极或者非常积极的态度，持消极态度的为 20%，还有 9% 的人甚至持非常消极的态度。[22] 这也许正说明，德国人过于批判性的思维可能就是德国还没有成为线上国家的原因之一。为什么我们在利用数字的可能性方面仍然感到渺茫，社会因素也是原因之一。

- 这就直接给出了"德国 4.0"的又一个**数字化范式**：我们必须消除对创新技术的普遍顾虑和文化上的抵制，让人们有机会对新的可能性激发出热情！

1.2

社会要求

如果说数字化的技术可能性以及普遍、开放而又快速的互联网接入是问题的一面，那么另一面就是利用这些可能性的能力，重点是作为媒体平台的互联网的建设、塑造和使用方面的知识。现在正在上学的孩子毕业后将工作和生活在以高性能计算机和数字结构为特征的环境中，私人生活领域和公共领域都是如此。然而，以目前的教学计划，学校无法让学生充分为这一现实做好准备；目前的计算机教育和媒体教育的基本要素不足以完成这个任务。然而，计算机和数字媒体的使用将来会像第二外语一样重要，因此应该作为普遍必修科目纳入教学计划。

数字基础教育

美国计算机协会一项题为"信息学教育——欧洲决不能坐失良机"的研究指出："欧洲由于缺少计算机人才将会面临跟不上科技发展步伐的危险。"[23] 虽然20世纪70年代和80年代早期欧洲曾经做过一些努力，把计算机科学和普通信息技术教育方面的内容（"数字素养"）纳入了中小学教学计划和大学课程，但是现在许多欧洲国家在这方面的努力有所放松，有些地方甚至取消了相关教学计划，这些做法是不负责任的。其他国家为中小学生提供的计算机教育要更为深入一些。研究报告强调："不开展适当的计算机教育意味着，不仅在教育上而且在经济上，欧洲正在损害自己的新一代人。"

英国的情况也是这样，支持皇家学会报告的专家早在2012年就已经指出："谁不把计算机科学作为通识教育的一部分，就是在机会公平问题上犯罪。"[24] 决不能因为媒体素养的缺失而将人们排除在数字进程之外，在小学阶段就应该让孩子们能够使用简单的软件。其他国家，比如印度、韩国、以色列、美国以及新西兰，已经调整了方向，并制定了全国性的计算机教学计划，爱沙尼亚甚至让一年级学生学习编程。然而，德国目前还没有全国性的教学安排，2013年汉堡市甚至宣布取消计算机课程的必修科目地位。为了加强数字媒体能力教育，必须寻找新途径。然而在开展这方面工作时需要注意的是，媒体能力不是指纯粹的计算机理论，而是指计算机应用，不仅要教编程，也要教数字媒体的使用。因此，许多专家一致认为，以"数字学"而不是以"计算机"或者"编程"作为科目名称更加合适。

浏览联邦教育和研究部网站可以看到："扎实的计算机技术和信息技术使用能力对学生学习知识的整个生涯尤为重要。从世界范围来看，德国学生与计算机和信息相关的能力（仅）处于中游水平。"这是题为"国际计算机与信息素养水平研究（2013）"的国际比较研究得出的结论。[25] 该研究旨在测试儿童与计算机和信息相关的能力，研究的重点包括以下几个方面，即"使用技术查阅信息的能力（比如在互联网上）；对找到的信息进行质量、实用性评价的能力；使用技术处理和生成信息的能力；使用新技术交流信息的能力；以认真负责和反思的方式使用信息和通信技术的能力"。

国际计算机与信息素养水平研究的结果让人高兴不起来："德国八年级学生的平均成绩为 523 分，在排名中处于中游。捷克学生（553 分）、加拿大学生（安大略省 547 分）、澳大利亚和丹麦学生（均为 542 分）、波兰和挪威学生（均为 537 分）、韩国学生（536 分）、荷兰学生（535 分），来自这些国家的学生的成绩均明显高于德国学生。"

斯特凡·冯·博斯特尔在《世界报》上对这个结果做出了中肯的评论："使用互联网大大超出了许多德国学生的能力。研究人员发现，德国一半的八年级学生甚至不知道如何输入网址，大约三分之一的德国八年级学生的能力只能达到最低的两个等级，也就是说，在使用数字技术方面只有'不充分'或者非常基本的技能。"[26] 研究的两位负责人威尔弗里德·博斯和毕尔吉特·艾克尔曼警告说："目前看来这些学生在参与 21 世纪的私人、职业和社交生活方面可能会面临很多困难。"这表明，围绕数字化问题，当前在教育上所犯的错误将会长期影响人们的生活。当然，需要指出的是，电脑游戏真的无法代替数字教育！

但是联邦教育和研究部完全忽略了这些警告，教育部长约翰娜·万卡在汉堡举行的 2014 年信息技术峰会上说，"我不明白，为什么我们要为数字教育而放弃学习古希腊语"，当她这样说的时候，人们就不仅仅是不理解了，她的话让大厅里的人一时不知道说什么好。然而培养下一代"数字原住民"对社会和经济生活而言具有极其重要的意义,就对下一代的数字教育问题发出明确信号而言,人们又能对"数字移民"有什么期待呢? 正确回答是,不能有任何期待!

"数字学"作为学校科目

在把"数字学"纳入教学计划方面,其他国家同样已经先行一步。法国已经在中学低年级开设了编码和编程课程,与芬兰一样,比利时已经在小学开设相关课程。相比之下,葡萄牙、保加利亚、塞浦路斯和捷克共和国在中学的高年级才开设相关课程,而日本在小学和初中阶段就已经开设了专门的"信息技术"课程。美国已经制订了国家信息技术课程教学计划,爱沙尼亚甚至为小学一年级学生开设了编程课。什么时候开设课程是个重要问题,什么时候德国也会在各类学校开设"数字学"课程呢? 什么时候德国能把编程课程当作"第二外语"来开设呢? 人们担心到这一天还得等很长时间,因为德国只是在"数字统计"方面位于前列(第一名),也就是说,德国还在统计是否有足够多的教师可以在课堂上使用信息技术。

> ● 由此可以得出"德国4.0"的又一个**数字化范式**是:我们要让下一代为更好地应对数字化未来带来的挑战做好准备! 在其他国家,"数字学"课程已经是学校教育的基本组成部分,然而德国在这方面仍然处于"白垩纪"!

相反,与彼得·弗德勒2015年进行的"危险研究"[27]类似的调查研究总是会引起很多德国人的共鸣。《莱茵邮报》上一篇题为"智能手机对儿童的影响就像毒品一样"的文章中写道,近一半的学生都承认写家庭作业时无法抗拒手机的魅力。[28]出现这种情况也毫不奇怪,因为从来就没有教过他们如何把手机用在该用的地方。数字媒体现在是学生在校园操场自学的,而不是学校课堂上教的! 顺便说一下,谁要是认为这一代"低头族"会因为过于频繁地看手机而失去与他人的社会交往,应该看看来自20世纪30

和 40 年代的黑白照片，从这些照片上可以看到路边站着许多人，大家都在看自己手上的报纸。给我们带来问题的永远不是媒介本身，而是我们使用媒介的方式。约在公元前 390 年，希腊哲学家柏拉图就已经针对文字的发明写道："新媒介非常危险，因为它会削弱人们的记忆力，允许未经授权的人获取更多的信息，引诱他们去玩荒谬的游戏，使他们不再关注现实，并误导他们把现实世界与媒体的反映混为一谈。"因此对年轻人进行媒体领域的培训和教育，让他们懂得如何正确使用媒体就显得更加重要，对于数字媒体教育而言也是如此。

高等学校的数字教育

在中小学耽误的东西，在大学也只能补回来一部分，即使德国大学有许多计算机科学课程和经济信息学课程。根据计算机学会提供的数据，虽然有多达 150 所大学开设有计算机类专业[29]，但是它们培养的毕业生的数量仍然无法满足劳动力市场的需求。根据联邦统计局的统计数字，虽说 2012—2013 学年冬季学期共计有 82 273 名学生在攻读计算机专业，但是这只占所有注册学生的 3.3%。[30]令人欣慰的是，至少攻读该专业的大学新生的人数正在增加。然而从全球范围看，学习计算机专业的学生占大学生的比例为 4.2%。德国学习计算机专业的学生比例低造成的结果是，各种研究报告反复指出德国缺少信息技术专业人才。根据经合组织的一项研究，在德国，信息、通信和电信行业的员工占全部就业者的比例为 3.48%，相比之下，在芬兰这一比例为 6.05%，领先其他国家，瑞典为 5.25%，英国为 4.75%，美国为 4.07%。德国甚至落后于比利时、澳大利亚、挪威等国家，只排在第十六位。[31]

此外，在经济科学领域到目前为止很少有或者根本没有针对数字经济的专门教育，唯一的例外是把网络营销作为传统营销讲座或者个别硕士学位课程的补充课程。这种情况造成的结果是，大学毕业生中几乎没有人可以承担"电子商务经理"的重任以帮助企业完成新的电子商业模式与流程方面的数字化转型。作为在数字经济领域创业的基础，数字创新开发领域的缺陷显得愈加突出。

学校的教育方针也不鼓励创业，德国的中学教师对创业公司的评价不高，大约三分之二（64%）的老师劝学生完成学业后不要去创业，只有四分之一的教师（24%）建议学生创业，这个结果来自受德国信息通信技术和新媒体协会委托对 505 名初中阶段教师进行的代表性调查。[32] 在这一背景下，特别是在信息和通信技术专业，德国大学的创业者面临着双重困难，一方面，在中学没有受到鼓励创业的教育，虽然上大学后仍有创业意愿，想结合所学专业把个人实业创意变成现实，但是在大学里同样得不到多少支持；另一方面，在开设创业课程的大学里，在多数情况下创业课程仅被看作是诸如"市场营销"或者"组织学"等其他重点课程的横向补充课程。反过来，在计算机和经济信息学专业，几乎看不到把创业课程与大学的课程体系进行必要的纵向融合，然后与重要的信息和通信技术教育直接联系起来的情况。因此，学生创业所必需的计算机、经济信息学方面的基础知识和创业知识并未与数学、计算机科学、自然科学、工程领域的普通基础知识和创业知识充分结合起来，虽然德国人在"初创数字经济"领域肯定也具有创建新企业的潜力，但是大学生单独创业这种潜力并没有发掘出来。两方面的问题表明，在这两个方面的结合度上需要相关部门采取明确行动，加强电子创业这个复合型专业，使大学生单独创业在德国也变得像在信息产业强国美国那样受到重视。

此外，大学老师中几乎没有专业的创业导师，尤其是没有创业经验丰富的导师，没有专门对数字经济创业者进行辅导的人。一方面，企业经济学专业的创业课老师不熟悉信息技术行业，另一方面，创业课老师由于缺乏信息技术知识无法充分激发大学生的创业潜力，而信息技术专业的老师除了编程知识外也不懂得如何与大学生合作，把重要的信息技术研发成果转化为适销对路的产品。浏览一下统计数据就可以看出，德国大学几乎没有搭建起创业教育与信息技术的结合点，仅有的少数结合点也是借助各种跨学科合作平台搭建的。根据创业研究促进会（FGF）提供的数据，大学、应用技术大学和其他高等学校目前设有大约 90 个创业教授职位，其中

"仅"20 个教授职位的研究对象为对信息通信技术有着重要意义的课题领域或者研究领域，只有 2 个教授职位明确以"电子创业"为课题（哥廷根应用技术大学和杜伊斯堡–埃森大学）。

> ● 由此可以得出"德国 4.0"的另一个**数字化范式**是：德国学生上大学是为了成为信息技术行业的雇员。在美国和其他地方，学生在大学学习数字专业是为了毕业后创建一家信息技术企业。为了发展数字经济，我们也必须把大学生培养成企业家，让做创业者成为他们择业的另一种选择，而不是仅仅受聘于信息技术产业，当个雇员！

从这一切可以得出什么结论呢？德国能够熟练使用数字媒体的数字人才太少了，与此同时，能够从经济角度把数字媒体用于信息技术环境或者电子商务环境中现有的或者新的创业活动的人才也太少了。这对于德国这样的经济大国来说尤其致命，因为"现实"和"虚拟"世界并不是对立的，至少联邦政府数字政策的一项基本原则是这样说的。因此，数字变革、数字化转型、数字经济、数字社会、数字未来和许多其他数字议题并非特殊领域，也并非只是暂时的、日常政策方面的政治考量，而是这一代人以及子孙后代在政治、经济和社会领域所面临的重要挑战。遗憾的是，实现这方面的变革并非轻松按下"技术按钮"这么简单，而是首先需要人们的大脑跟上时代的步伐，需要真正理解并开始研究数字化商业流程和商业模式。问题既不是让企业以"工业 4.0"为旗号多使用一点信息技术，也不是数字基础设施的最大带宽到底应该是多大，问题是德国教育体系培养的数字人才普遍来说还很不够，而这一现象已经存在多年甚至数十年，无论是现在还是将来，这种情况自然而然都会对德国的经济体系产生负面影响。

1.3

经济影响

无论是对线上还是对线下商业模式而言，经济界都迫切需要开发、构建及运行电子价值创造过程所需的数字专门技术。但是这种数字专门技术形成于行动参与者的大脑中，在这一点上德国需要下大功夫赶上来，不管是为了发展数字经济，还是在数字经济领域，德国都需要做出努力。数字经济通常是指使用电子数据网络的经济领域（电子商务），因此也称为数字网络经济，允许通过各种电子平台直接或者间接地处理或者影响信息、通信与交易的流程。简而言之，数字经济涵盖基于数字网络的各种形式的电子商业流程和商业模式。数字网络既包括互联网，特别是购买（电子采购）、销售（电子商店）、贸易（电子市场）等方面，也包括建设和运行作为社交网络的通信平台（电子社区）和 B2B 合作平台（电商企业），还包括手机，比如移动商务、移动服务、应用程序及移动支付等。线上商业模式将来也会越来越多地以所谓的交互式电视（ITV）作为载体。在这一背景下，以下消息给德国经济突然拉响了警报：

- 警报 1：根据沃达丰研究所（Vodafone Institute）的调查，德国几乎没有年轻人希望在数字经济领域及该领域的初创企业中就业。在 18 至 30 岁的德国人中，有 33% 的人把数字经济排除在自己的择业范围之外。相反，只有 13% 的受访者明确表示，可能会在数字经济领域寻找自己的第一份工作。此外，70% 的德国"数字原住民"不愿就职于创业公司，或者在数字经济领域创业（77%）。[33] 这意味着，我们不仅短期，而且中期和长期看来都没有足够的数字人才来领导老牌企业以及成立初创企业。

- 警报 2：根据研究和产业人员绩效中心（Crisp 研究）的"数字商务准备程度"研究，在参与调查的德国中小企业中，超过 50% 的企业表示自己还没有全面的数字战略，还处在纸上谈兵阶段。与此同时，近 75% 的企业表示数字变革对自己的企业战略有着很大的影响，自己把信息技术专业知识看作必不可少的能力。[34] 在这一背景下，岱凯集团（Dimension Data）德国公司负责人斯文·海茵森在接受《商报》采访时表示："除了财政资源，许多公司经常也缺少人力资源来推动内部的数字变革。"[35] 德国工业联合会（BDI）主席乌尔里希·格里洛就同一问题补充道："如果拒绝数字化，德国的中小企业将会陷入困境。"这意味着，德国的专业技术人员以及经理人太少，无法作为数字人才帮助现有中小型企业为线上竞争做好准备，说得更确切一些，为转向线上竞争做好准备。

- 警报 3：传统工业企业的领导层仍然没有看清数字化商业流程和商业模式对实体企业核心业务的影响。谷歌公司如今已经在为汽车行业、医疗行业和能源行业开发产品。脸书和其他创业公司正在准备全球性的金融产品，这些产品可能也会给德国的保险和金融行业带来问题。人们现在已经可以通过谷歌的网络邮件服务把自己的钱作为汇款转出。以优步（Uber）为代表的运输业、以亚马逊会员箱为代表的食品行业以及许多其他行业也将涉足实体经济领域。

如果这些网络领域的重量级企业成功地把数字化增值流程与位于其后的实体产品选择和平台选择联结了起来，就会使需求流改道，确立新的贸易结构，并强制大家选择他们的终端设备［比如苹果音乐（iTunes）必须使用 iPod］。因此，更让人难以理解的是，2015 年年初，戴姆勒（Daimler）公司的首席执行官迪特·蔡澈在接受记者采访时表示，公司并不害怕苹果计划推出的苹果汽车，据传苹果汽车将于 2020 年启动生产，作为对这一挑战的回应，蔡澈只是简短地说道："汽车是戴姆勒发明的。"[36] 仅过了一年，2016 年年初他在另一次采访中就已经承认，"苹果公司和谷歌公司（在主业以外的汽车制造上）的能力超出了戴姆勒公司的想象"[37]。这说明，德国具有远见卓识的经理和企业领导者太少，他们本应作为数字人才引领德国工业实现数字化转型。这个问题并不是单个企业的问题，而是社会问题，但同时首先也是个经济问题！

> ● 由此可以直接得出"德国4.0"的下一个**数字化范式**是：我们需要让更多的人在社会和经济的所有层面上讨论各种可能性和机遇，讨论方式必须是建设性的，是完全批判性的，但同时首先也要具有创新性。

在网络经济领域德国只是在网上购物方面表现比较好，但问题是，从中获益最多的是德国之外的互联网公司。2014年，超过一半的德国人在网上购买过东西。根据德国贸易协会的预测，2015年德国通过电子商务实现的零售业产值将达到近417亿欧元。[38]之前的2013年为347亿欧元，2014年为371亿欧元，也就是说，线上贸易在不断增长。在这一背景下，德国现在是仅次于英国的欧洲第二大电子商务市场。但谁是获益者呢？2014年德国纸质图书线上营业额的80%（22亿欧元）流入一家公司，即亚马逊。亚马逊至高无上的地位并非仅限于书籍，现在已经扩展到全部商品门类。根据联邦统计局的统计数据，亚马逊2014年在德国的总营业额为65亿欧元，亚马逊商城的零售商实现的营业额与亚马逊公司自身实现的营业额几乎同样多，而亚马逊可以从零售商那里获得佣金。在德国最大电商排名中，德国本土电商奥托（Otto）虽排在第二位，但是距离排在第一位的亚马逊公司差距很大，营业额仅为19亿欧元。[39]

电子商务的现在

德国最大、同时营业额也最高的电商由美国公司运营绝非偶然。亚马逊与其他4家最大的美国互联网公司和信息技术公司（苹果，脸书，谷歌，

eBay^①）的总市值与 30 家德国主要上市公司（DAX30）中大多数公司加在一起的市值（市场资本化程度）几乎相等。来自国外的另一个网络巨头阿里巴巴也即将进驻德国，这家中国公司在"双 11"这天（2014 年 11 月 11 日）24 小时内实现的营业额就达到了 79 亿美元，创下了新纪录，是德国连锁百货商场卡城百货（Karstadt）年营业额的两倍，卡城百货在很大程度上错过了互联网带来的机遇。扎拉多（Zalando）是这一领域的唯一一家来自德国的公司，在全球数据网络中确实是个孤独的"数字幸运儿"。除思爱普公司（SAP）外，德国没有一家有全球影响力的信息（通信）技术公司。在数字经济领域的全球市场领导者中找不到"德国制造"的足迹。

电子商务的未来

除了令人担忧的现状，德国电子商务行业的未来看起来也好不到哪里去。在全球 122 家最具价值的非上市互联网创业公司中（截至 2015 年 9 月），估值超过 10 亿美元的所谓独角兽企业以美国公司为主，如优步、爱彼迎（Airbnb）、Dropbox、Palantir 和 Snap 等 ^②，此外还有来自中国的新网络巨头，比如小米和滴滴。来自欧洲的初创公司只有 13 家，其中只有 3 家来自德国，分别是外卖超人（Delivery Hero）、生鲜食材（Hello Fresh）和家居 24（Home 24）。美国每年冒出大约 10 万家新的互联网创业公司，而德国在数字经济领域总共只有 5 000 家创业公司。因此，根本不能指望在不久的将来在数字经济领域也会出现来自德国的世界市场领先者。有人可能会认为，这并不是个悲剧，因为德国的强项仍然是实体经济，德国的许多中小型企业和大型工业企业都是世界市场领先者。然而，这种观点是极其有害的，因为数字层面的玩家也会越来越多地渗透进传统行业中。

如前所述，谷歌公司已经在为汽车、医疗和能源行业开发产品，脸书

---

① eBay，美国线上拍卖及购物网站。
② Dropbox，美国云存储创业公司。
　 Palantir，美国大数据公司。
　 Snap，开发了照片分享应用 Snapchat 的美国创新企业。

和其他初创公司正在准备推出全球性金融产品，这可能也会给德国的保险业和金融业带来问题。以优步为代表的运输业，以亚马逊会员箱为代表的食品行业以及许多其他行业也将涉足实体经济领域。如果这些网络巨头成功地将数字化增值流程与位于其后的实体产品选择和平台选择联结了起来，将会使需求流改道，形成新的交易结构，并且会强制人们选择特定的终端设备或者平台。如果发生这种情况，我们就必须准备好应对德国经济的寒冬，因为这触及了德国经济的核心部分！

●　由此可以直接得出"德国4.0"的又一个**数字化范式**是：我们必须通过成立并支持数字创业公司参与到围绕数字创新的竞赛中来，并最终行动起来，从而在数字经济领域也培育出从德国走出来的新的世界市场引领者。

此外，如果从整体上看数字经济领域的创新型初创企业，就可以看出这些企业与硅谷之间存在显而易见的联系。谷歌、脸书、eBay、苹果、雅虎、思科系统（Cisco Systems）、艺电公司（Electronic Arts）、惠普、英特尔、甲骨文、Sun Microsystems[①] 和 Adobe[②] 的总部都设在硅谷。在数字经济领域，据说仅在硅谷一个地方就有超过1万家成立时间或长或短的初创公司。上面已经指出，根据美国小企业管理局提供的数据，美国全国范围内每年新成立的初创企业大约有10万家，这些企业的商业模式直接与互联网有关。[40] 10万家！再加上纽约、波士顿和奥斯汀等其他初创企业集中之地，美国互联网公司在网络竞争中处于主导地位。吉多·鲍瑟姆在为《南德意志报》撰写的一篇文章中断言："无论是技术人员、创业者，还是斯坦福大学的书呆子，他们的目标并非只是创立一家自己的企业，也并非只是致富或者获得成功。如果问起他们最初的动机，得到的回答都是'我想要

---

①　Sun Microsystems，美国 IT 及互联网技术服务公司，主要产品为工作站及服务器。
②　Adobe，美国软件公司。

改变这个世界'，这句话是加州创业者俱乐部及其追随者的信条。"事实证明，他们确实做到了，因为文章中还写道："硅谷的初创企业家已经改变了世界，把以前的企业巨头甚至整个行业踢出了市场，他们还会继续这样干。"[41]因此，德国经济界的负责人每天都应该重新问一下自己，来自硅谷的拥有大量资本的企业会以何种创新的数字化商业流程和商业模式颠覆下一个行业甚或自己的行业呢？

美国的数字优势

从细节来看，特别是在数字经济领域，美国初创企业成功的原因是多方面的。如果假设美国人与德国人在形成创新性创意方面具有差不多同等质量的潜能，那么美国在这方面取得成功的原因可以归结为以下三个主要方面：

- （年轻）人群中普遍存在强烈的创业意愿，接受过创业教育，具有高度的冒险精神。
- 国家以及国际环境为初创企业融资及其成长提供了巨额的风险资本。
- 有着非常大的（线上）内部市场，让初创企业可以快速而不受歧视地进入市场。

除了全球创业观察[42]所指出的美国人普遍具有的强烈创业意愿，尤其需要强调的是，美国还为初创企业提供了巨大的风险资本市场，美国的初创企业获得创业资本和成长资本的速度要快得多，所获得的数额也远高于德国同行。目前的数据显示，仅 2013 年第三季度，流入美国创业公司的风险投资就达 58.2 亿欧元，而同期德国的风险投资仅为 0.13 亿欧元，即使换算成人均数，德国的数字相对而言也并没有变得更好看一些，因为美国的人均投资为 18.77 欧元，而德国只有 1.67 欧元。根据风险资本联盟（Allianz für Venture Capital）提供的数据，2011 至 2014 年，德国共有大约 20 亿欧元的风险投资流入初创企业[43]，但是按国际标准，德国风险资本市场的现有潜力还远远没有发挥出来。在同一时期，美国的风险资本为 870

亿美元，也就是说，超过德国达 40 多倍。美国原来由风险投资资助的公司现在实现的营业额占国民生产总值的五分之一，雇用的人员占美国私营部门雇员总数的 11%。

> ● 由此也可以看出"德国 4.0"的**数字化范式**是：如果创始人和投资者可以通过成功而又可持续的初创企业赚到很多钱，我们就必须接受并承认他们的成功。因此，德国不能通过高额征税使投资者本来就已经承担了很高风险的决策变得更加没有吸引力。

然而，风险资本现在是，将来仍然是培育和资助颠覆性创新的最佳杠杆。在数字经济方面，德国过去培育出的颠覆性创新太少了。或许也是因为美国在法律、税收以及社会接受度等各方因素作用下，对投资和赚钱的重视程度比德国高得多。这样一来，情况刚好反了过来，虽然欧洲通过在美移民在实体经济领域占领了美国这个"狂野的西部"，但是美国正在通过其互联网公司在数字经济领域占领欧洲这个"温顺的东部"。

尽管如此，信息技术行业（硬件、软件），或者说得更宽泛一些，信息与通信技术行业（信息和通信技术及其他领域，如互联网、电子商务、网络服务等），最近几年在德国经济中也变得更加重要了。根据 2015 年数字经济监测报告，联邦经济和能源部发布的数据显示，虽然信息和通信技术行业仅有员工 100 万人，但创造的营业额高达 2 210 亿欧元，其中数据服务所占份额最大，为 43%，其次是应用程序与服务占 25%，该行业创造的附加值高于德国汽车业，销售额高于机器制造业。纯互联网经济也实现了730 亿欧元的营业额，比电气行业更高。[44] 因此，对数字经济发展的预测仍然乐观也就不足为奇了。比如，根据德国"生态"（eco）互联网经济协会提供的数据，四年后电子商务行业的产值将占国内生产总值约 53%。[45]协会的统计涵盖网上的所有活动，即线上发生的各种"有约束力的商业流程"，比如订购、支付和索赔，以及线上贸易、云计算与电子政务流程，统计涵盖所有类型的设备（个人电脑、平板电脑、智能手机）。在这一背景下，不管对概念的定义是什么，也不管对行业的称谓是什么，有一点非常明确，即基于横向技术的电子商务已经成为不可或缺的重要经济因素！

此外，"很难再把互联网上发生的经济活动与不在互联网上发生的经济活动明确区分开来。农业数字化、用机器人护理老年人、为手工业者设立网上商城，这些现象也只是颠覆传统行业方面的几个例子而已"。为数字经济及其他领域制定网络战略，不仅确保了电子商务领域进一步发展所需的自由，而且也确保了在该领域开展旨在提高生活水平的产品与流程创新所需要的自由。

在电子商务领域，确切地说是相应的信息与通信技术行业，中小型企业占据主导地位，创新推动者恰恰是成立时间不长以及新成立的企业［初创数字经济领域的创业公司；电子创业（E-Entrepreneurship）］。经验表明，在信息与通信技术行业，大型老牌企业往往会忽略各种创新潜能。在创新方面，恰恰是创立不久以及新成立的企业起着促进国民经济发展的作用，即把信息通信方面的创新潜能变成现实，并将其转化为具有市场潜力的商业模式。

数字化作为经济力量

根据德国经济和能源部的数字经济监测报告，2011 至 2013 年，信息和通信技术行业每年成立的企业约 7 000 家，从企业总数看年度创业率为 7.2%。[44] 遗憾的是，这个统计数字并非仅指纯数字经济，而是还包含了硬件、软件与信息技术服务领域的初创企业。据估计，纯互联网初创企业，也就是商业模式在互联网上的企业，全德国共计 5 000 家，乐观一些的估计为 8 000 家。从国际比较看，数量还是太少了，德国还称不上是真正的初创企业家的乐园。要再次提醒大家注意的是，美国过去和现在每年成立的新企业多达 10 万家，而预计德国的初创企业 2015 年所能提供的工作岗位共计仅有 5 万个。

正因为如此，初创企业是非常重要的经济因素！德国初创企业联合会（BVDS）在最新发布的 2015 年初创监测报告中指出，这些初创企业在成立仅仅 2.8 年后创造的工作岗位（包括创始人）平均就已经高达 17.6 个，而传统创业者同期平均仅增加员工 0.8 名[46]，换句话说，初创企业是新技术、新企业与新工作岗位的重要源泉，政府应该关心初创企业的发展。这样做的原因也很明显，因为恰恰是初创公司认为改变是为了取得进步，不会因为风险错失获得成功的机会。初创企业敢于面对数字网络上的全球性竞争，试图通过努力和创造力承担起个体的责任，从而使自己获得成功。

> ● 由此可以看出"德国4.0"的又一个**数字化范式**是：就像努力工
> 作的员工应该受到尊重和认可一样，任何有勇气创办高风险创
> 业公司的人都应该受到尊重和认可。这一点不仅适用于数字领
> 域，也适用于任何其他形式的创业努力。尤其是如果创业活动
> 没有成功的话，不能让创业者在社会和经济方面因此而蒙羞。

　　然而，除了初创公司，中小型企业与工业的数字化也至关重要！工业与中小型企业的数字化不可避免，主要有三个原因：1.（潜在）客户越来越多地使用互联网进行商务决策。2.国内和国际竞争对手越来越多地使用互联网来处理商业流程。3.如前所述，数字化商业模式的提供者越来越多地渗透到实体交易层面，并成为实体产品的提供者和服务商。这意味着，互联网已经持久地改变了对需求有着重要意义的决策流程，这其中就包括信息、通信、交易以及对重要竞争对手的认识。

数字化的购买决策

　　关于第一点，比如说，尼尔森全球新产品报告已经证实，"数字影响"，即互联网和社交媒体对购买新产品决策的影响，所占份额为70%至80%，产品类别包括电子产品、家用电器、书籍和音乐。在服装领域和购买新车方面，互联网对受访者来说也非常重要（69%）。此外，受访者更愿意在从互联网渠道获取信息后再购买新产品，这些渠道包括制造商网站、制造商的社交媒体页面、互联网论坛等。45%的受访者表示他们通过制造商网站了解信息，30%的受访者使用的是脸书和YouTube①等社交媒体渠道。[47]

---

① YouTube，视频分享网站。

> ● 可以再次推导出"德国 4.0"的**数字化范式**是：德国企业必须认识到，消费者习惯网上交易的速度要快于企业对此的反应速度。在这一点上，德国的情况与其他国家的情况正好相反。由此得出的认识只能是，企业必须在所有层面快速而又投入地迎接数字挑战！

此外，多年以来，直接网购行为一直在增加。根据交易网（deals.com）进行的电子商务研究，每个德国网购者 2015 年的网上支出将会达到 1 211 欧元。[48] 在德国人口最多的北莱茵-威斯特法伦州，根据州统计局的数据，2014 年约有 950 万人至少网购过一次用于私人目的的商品和服务[49]，这个人数几乎是该州莱茵河和鲁尔河沿岸全部 1 290 万网民的四分之三（73%）。

数字化转型

关于第二点，可以确定的是，67% 的德国企业有网站，其中许多企业也已经进驻社交网络。但是这又能说明什么呢？普华永道题为"2014 年数字化晴雨表"的研究报告证实，尽管上面的数字看上去很鼓舞人心，但多数公司仍然处于起步阶段。[50] 数字化的真正要素仍然很少见，比如，客户或者员工在产品开发中享有更多参与权。只有三分之一的公司正在试验这方面的数字技术。只有大约一半的企业确实有数字战略，准备将数字技术与流程融入商业模式。

然而，还不清楚的是，企业实施的到底是实实在在的数字化转型，还是只想将截至目前的做法移植到另一个领域。比如，在普华永道的研究报告中，65% 的受访者表示，使用社交媒体是为了获取客户信息或者与客户交流。但是，关键是使用的形式，这方面有三种情况：有太多的公司使用脸书页面仅是为了发布原来可以在其他地方发布的新闻稿；许多公司只是在网上设立了电子商店，却对销售数字没有自行飙升感到很奇怪；没有人尝试让商业模式去适应数字框架条件，如电子定制、动态定价、大数据分析。这样做很难被称为数字化转型。

数字竞争

关于第三点，工业和中小型企业都已经意识到，网上竞争也会影响实体交易方面的游戏规则。来自美国的大型互联网公司现在掌握着主要的交易平台，并且正在把其市场强权强加给小型实体商家，那些已经转向网上交易的商家必须接受平台的游戏规则。此外，根据市场研究机构恩尼格玛消费研究协会（GfK Enigma）的数据，在 70% 的年营业额低于 500 万欧元的德国公司中，数字化在生产与价值创造流程中几乎没有起到什么作用。而在营业额最高达 1.25 亿欧元的所有中小型企业中，也只有一半企业采用了部分数字化商业战略。这种情况让人愈发感到惊讶，因为研究同时还发现，82% 的公司原则上认为数字化是企业未来保持竞争力的必由之路。[51]

● "德国 4.0"的又一个**数字化范式**是：这意味着，谁要是未来不能或者不想参与到数字竞争中来，很快就会再也无法参与竞争。中小型企业和工业必须在思想上认识到数字化转型的必要性，在战略上坚持不懈地实施转型。

也就是说，中小型企业已经觉察到销售额正在不断转向网上，转向竞争对手。由于北威州有大量的中小型企业，因此必须激活该州对数字议题和具体支持措施的关注，帮助企业迈出进军数字化商业流程和商业模式的最初几步。这同时也是数字化商业流程和商业模式方面的教育与继续教育所要面对的问题。危险在于，人们把"工业 4.0"仅仅理解为再增加一套电子设备来提高现有实体生产流程的效率。这根本不是数字化转型！

数字颠覆

德国的大型工业企业将来若想保持竞争力，也必须把经营活动转移到数字贸易平台上来。在与来自美国以及越来越多的来自亚洲的全球主要互联网公司的线上竞争中，大型企业必须能够通过电子商业流程和商业模式保持其附加值。答案并非仅限于"工业4.0"！德国工业企业对使用数字技术的典型反应是，这些技术要能够提高生产率（73%），并降低成本（72%），这是埃森哲公司以"颠覆还是被颠覆——数字技术对商业服务的影响"为题所进行的研究得出的结果。[52] 虽然各企业一致认为数字化商业模式很重要，但企业关注的重点是使销售与营销流程以及供应链与采购环节更加紧凑，而不是以新的数字化商业流程和商业模式为目标的风险导向的创新文化。在这一背景下，近年来希望加强与创新型初创公司进行合作的恰恰是大企业，它们想从初创企业的颠覆性创新中获益，从而满足数字化转型的要求。因此可以观察到，大公司和初创企业正在通过孵化器、创业加速器或者企业风险投资进行对接。这更多是一种以"创新孵化"为形式的外部创新管理，旨在与年轻的创业者一起实现其令人期待的创意。

- 由此可以得出"德国4.0"的又一个**数字化范式**是：我们需要制定数字经济战略，数字经济既以支持数字初创公司为基础，也以中小企业和工业的数字化转型以及两者之间的各种合作为基础。

然而，易温哲（Etventure）咨询公司 ①（2016年）委托消费研究协会进行的民意调查显示，人们对现有结构的捍卫是数字化转型所面临的主要障碍。[53] 在这一背景下，总的来说，在最大经济体的比较中，在数字经济领域以及对于数字经济领域而言，德国的表现都很平庸。2015年发布的埃森哲数字化密度指数显示，德国在总共100分中仅得到51.9分，在参与调查的17个经济体中排名第九，荷兰位居榜首，随后是美国、瑞典、韩国、英国和芬兰，奥地利和澳大利亚也排在德国之前。[54] 根据埃森哲自己的说明，其指数统计了"数字技术对单个企业以及国家整体经济的渗透程度，

_____

① 总部位于柏林的一家德国数字咨询公司。

使用 50 个单个指标来衡量，其中包括网上贸易营业额，使用云应用和其他技术进行流程优化，技术专长在企业中的普及程度以及企业对新的数字化商业模式的接受度"。

数字竞争力

埃森哲的研究同时指出，数字渗透对国民生产总值也有影响，对数字化转型的投资会得到回报，"数字技术的使用增长 10 个百分点，到 2020 年时可以使世界前十大经济体的国民生产总值的增加额上升 1.36 万亿美元。仅就德国而言，这将意味着 750 亿美元的增加额，相当于年平均增长率提高 0.27 个百分点，2020 年德国的国民生产总值将比之前的预测值高出 1.9%"。

● "德国 4.0"的相应**数字化范式是**：未来的增长将取决于德国经济是否实现了数字市场导向以及是否具有了数字竞争力，是否为发展工业企业、中小型企业和刚成立的创业公司完成了数字化转型，并通过上述企业完成了自身的数字化转型。

1.4

政治变革

最新的阿伦斯巴赫（Allensbach）计算机与技术分析显示："越来越多的人认为，不再需要通过每天看报纸来获取日常信息，因为电子媒体（互联网和电视）已经足够。比起新闻媒体，互联网在年轻学者群体中的重要性日益显现，而所有其他媒体（电视、报纸和广播）的重要性都在快速下降，区别仅是程度不同而已。因此，在各阶层人群中，互联网作为新闻媒介的重要性都在上升，而在年轻人中的上升速度尤其要快一些。媒体转型在德国的年轻人中比在老年人中进行得要更快些，这一点也符合大家的预期。"[55]

可以观察到公共舆论的形成和接受也在随之变化，不论是新闻新来源的很多变化，如免费网络博客发布平台的增加（个人视角的网上自由意见），还是网络空间民众表达不满情绪的各种可能性（非客观言论也是大量公众不满情绪的原因之一），很大程度上都与媒介的变化密切相关。

网络言论多样性

因此，每个网民都可以表达自己的观点，并在自己也有所怀疑的情况下，通过其他网友快速将其传播开来。安迪·沃霍尔曾经说过，任何人都可以在15分钟内出名，套用到互联网上可以这样说："任何人都可以通过推特、YouTube或者脸书帖子出名。"作为披露平台的维基解密或者围绕"审查狂乌尔苏拉"①的互联网评论活动表明，这种情况也会对政治产生影响。互联网不仅被看作自由的媒介，也被视为自由的舆论平台。这种情况已经催生了许多顶级网络活动家，他们既把互联网用作传递政治信息的媒介，又以捍卫互联网本身作为自由平台为目的。在这方面，"匿名"（Anonymous）这个团体也已经获得了一定的知名度，并通过发起活动来越来越多地反对不断发生的互联网审查。

数字监控

数字监控并非无稽之谈，爱德华·斯诺登早已告诉公众，所有数据流都处在监控之下，尤其是美国国家安全局使用棱镜程序监控大众，英国情报机构则使用时代程序进行监控。他们以反恐为名，对所有网民的个人与

---

① 2009年，时任德国联邦政府家庭部长的范德莱恩（Ursula von der Leyen，基民盟）计划屏蔽儿童色情网站，此举受到2006年在互联网上成立的德国海盗党的猛烈攻击，他们给她起了个绰号叫"Zensursula"（Zensur即审查，Ursula是她的名字），认为她是一个想要保护德国青年不受互联网黑暗一面影响的控制狂。

经济活动进行未经许可的监控，因为未经许可，所以在法律上也很成问题，其规模在被揭露之前也只有内幕人士想象得到，普通人原本认为这是根本不可能的事情。网络作为自由的交流空间，不能逍遥于法外，否则在被揭露的这一刻，网络就已失去了自己的清白之身。此后，网络一直处于无法缓解的紧张关系中，一方面，合法选举出来的政府要对网民的通讯进行必要的检查，看其是否符合法治国家原则以及是否敌视民主制度；另一方面，个人用户和企业要求得到基本的信息、通信与交易的自由，反对进行普遍而又毫无依据的全面监控。但是应该受到检查的是谁呢？是网络还是使用网络的人？

作为对这个问题的回答，出现了各种揭露平台，发布的主要是监控者的信息。大家最熟悉的当属维基解密，该平台允许匿名发布文件。根据维基解密，这些文件"由于其机密性、保密性、审查或其他因素而访问受限"[56]。2015年，在类似情况下，"德国网络政策网（netzpolitik.org）事件"进入了公众视线，据德国新闻网报道，相关平台"在春季两次发布了从密级为机密的联邦宪法保卫局报告中摘录出来的文件，该报告是宪法保卫局为联邦议院预算委员会的信任委员会起草的"[57]。报告内容"据说是要建立新的互联网监控机构，任务是分析和监控激进与极端分子在脸书等社交网络上的联络网和人物特征"。[58] 随后，时任德国总检察长的哈拉尔德·朗格以叛国罪和公开国家机密罪对德国网络政策网的记者马库斯·贝克达尔和安德烈·迈斯特发起调查，针对两人的调查稍后被叫停。

网络传播力量

就通过互联网进行政治运动以及把互联网作为传播渠道而言，围绕所谓"阿拉伯之春"的一系列事件是历史上的又一个转折点。虽然根据来自开罗的年轻博客作者阿卜杜拉的说法，当天晚上动荡"发生在大街上，而不是在虚拟空间中"[59]，但是德国联邦政治教育局的分析认为，"刚开始时脸书是发动大众的最重要媒介[60]，年轻的阿拉伯人通过推特和YouTube把发生大规模抗议活动的信息发送到了世界各地。最重要的是，传统媒体和新媒体的共生互联对于政权更迭起到了决定性作用，电视、互联网和手机的相互作用从根本上改变了政治传播的形式，才使得政府被推翻"。2015 年加入第一波难民潮的人也是通过手机使用数字网络来组织和协调逃难路线及逃难可能性的。由于关于各地生活质量、安全空间以及安置空间的信息每天都通过网络和媒体得到了普遍传播，这些情况也就变得很透明了。除了救自己的命之外，这种透明性也是难民们选择以特定国家作为避难目的地的动力之一。

● "德国 4.0"的相应**数字化范式**是：网络具有政治性，不仅在交际流和舆论上有政治性，在结构上也具有政治性。相关问题变得更加广泛、更加国际化，也传播得更快、更加注重数量。因此，政治解决方案也必须更宏大、更强调共同点、更强调融合、更加透明。

除了这些内容上的变化，数字化转型也已经渗透进了政治本身。美国也存在由于利用大规模网上竞选活动而当选总统的情况（经常以奥巴马为例），而德国总理被人引用的却是她的"新大陆"思想。因此，除了各个议会党团中的少数数字专家之外，似乎有必要就在政治方面使用互联网以及互联网政策给政治家们补补课。但是，现在已经可以注意到这个议题未来会变得愈发重要的迹象，除了"互联网与数字社会"这个议会调查委员会和全国信息技术峰会，在基民盟、基社盟与社民党之间的联合政府谈判中也已经成立了专门的"数字议程"小组。

数字网络政策

联合政府协议达成的结果是由联邦政府的三个部分管数字议题，亚历山大·多布林特（基社盟）领导的联邦交通和数字基础设施部负责数字基础设施，托马斯·德梅齐埃（基民盟）领导的联邦内政部负责数字网络政策，西格玛尔·加布里尔（社民党）领导的联邦经济和能源部负责数字经济。三个部合作，于 2014 年发布了"数字议程"，文件汇总了联邦政府在该领域的各项计划，重点为三个战略性核心目标：1. 通过数字化的价值创造过程和网络化促进经济增长，推动数字领域的高效率工作（增长和就业）；2. 通过高效而又开放的互联网为人们普遍开启通往数字世界的大门，通过媒体能力和技术能力创造条件让人们自我决定使用数字技术的方式（访问和共享）；3. 信息技术使用起来必须方便、透明、安全（信任与安全）。[61]

- 但是"德国 4.0"的**数字化范式**必须是：制定各种数字议程的时代已经过去！该议题的重要性已经毋庸置疑，现在需要的是利用数字技术促进社会和经济发展的具体措施。

作为对三个联邦部负责数字政策的回应，联邦议院也成立了自己的数字议程委员会。浏览联邦议院的网站可以看到："随着'数字议程'委员会的成立，德国联邦议院首次拥有了致力于当前网络政策问题的议会常设专门机构。委员会要对数字化和网络化的各个方面开展跨专业讨论，并确定数字变革的关键发展方向。对于该委员会而言，网络政策议题不是小众话题，相反，该机构把自己视作议会工作的重要推动者。"[62]

除了这些普遍性的数字政策举措，近年来初创企业这个议题也变得越来越重要。时间线回到 2013 年，那一年电子创业问题借道"初创数字经济"这个概念（终于）再次成为了政治议题。互联网高峰会议始于 2012 年6 月经济界与德国总理默克尔的小组讨论，2012 年 11 月在埃森举行的信息技术峰会继续讨论了这一议题，2013 年 1 月德国经济部长菲利普·罗斯勒宣布在联邦经济和技术部成立德国"初创数字经济"顾问委员会（BJDW），同时也成立了德国初创企业联合会，德国信息通信技术和新媒体协会也把"初创信息技术"列为主要议题之一。

2013 年联邦议院大选前夕，"初创数字经济"顾问委员会提交了结果报告，德国初创企业联合会提交了德国初创企业议程，德国信息通信技术和新媒体协会提交了启动建议，欧盟发布了初创企业宣言，这些文件标志着围绕数字议题的讨论暂时达到了高潮。初创企业及其成立流程（电子创业）已经成为政治、社会和经济领域的重要议题。这一变化有着充分的理由，因为初创数字经济及信息技术和通信技术这个上游行业包含着整个国民经济所需要的重要横向技术，初创企业是德国未来保持其经济区位竞争力的一大关键。

数字欧洲政策

数字化这个议题也已经上升到欧洲层面，2014 年厄廷格出任欧盟负责"数字经济与社会"的专员，从此欧盟第一次有了专门负责数字事务的专员。他的首要任务是，为欧洲以及网上版权保护打造共同的数字内部市场，其中包括数字基础设施、数据保护与数据传输、在线通信安全以及网上成果保护。2010 年，欧盟委员会已经确定欧洲存在以下几个特殊障碍："数字市场碎片化；缺少交互可操作性；网络犯罪的增加以及缺少对网络的信任所带来的危险的增加；缺少对网络的投资；研究和创新不足；缺乏数字权限和能力；在应对社会挑战方面错失了机会。"[63]这些不足随后成了提出欧洲 2020 战略的基础，2015 年推出了"数字欧洲议程"重点倡议，其中约定了以下目标：建立充满活力的数字内部市场；简化交互可操作性并统一信息与通信技术标准；推动快速和高速互联网接入；通过研究和开发推进信息与通信技术创新；提高数字能力、技能与一体化水平；支持为欧盟社会以及国际事务形成依托于信息与通信技术的有利条件。[64]

- "德国 4.0"的相应**数字化范式**是：德国必须将自己视为数字欧洲的一部分！欧洲必须共同推动数字化的发展，因为对于网络世界来说，欧盟的每个成员国都太小了。只有作为共同的数字经济区，欧洲才能与美国和亚洲进行线上竞争。

为创建必要的欧洲数字内部市场，欧洲各国必须加强合作。德国和法国的政府间联合委员会 2015 年在巴黎举行的数字经济联席会议是欧洲合作的组成部分。为举办这次会议，德国数字初创经济顾问委员会和法国国家数字委员会共同起草了题为"欧洲数字创新与数字化转型"的德法创新行动计划，并在会议上把该计划递交给了德国联邦经济和能源部长加布里尔和时任法国经济、工业和数字事务部部长的埃马纽埃尔·马克龙。时任法国总统的弗朗索瓦·奥朗德与德国总理默克尔共同邀请参会者出席了在爱丽舍宫举行的会议。该行动计划包含建立欧洲共同数字内部市场的 15 项具体建议，议题包括数字技能的教育和提升，建立欧洲数字初创企业生态系统，为数字创新提供资金支持，建立欧洲数字市场以及实现欧洲经济的数字化转型。[65]

网络政策的新大陆

总而言之，在这一背景下，必须指出，数字政策近年来已经确立，但是还没有获得与其他核心议题同等的必要的政治地位。德国仍然是网络政策的"新大陆"，而不是数字国家。此外，德国仍然没有针对数字政策的综合性顶层设计，一方面，"网络政策"这个议题领域已经形成，其中再次确立了许多方面，如网络中立、数据保护、宽带网络、网络犯罪、无线网络责任，确切地说是干扰者责任（德国刚刚根据欧洲法院的一份评估最终废除了这项责任[66]）或者数据存储；另一方面，政策中增加了"数字经济"这个议题，其中再次确立了以下几个方面，比如初创企业资助、创业投资法、"工业 4.0"和"工作 4.0"。无论是在联邦层面还是在州政府层面，在各部或者州政府办公厅都可以找到负责该议题的相应部门。联邦政府工作人员早已私下承认，说得慎重一点，把数字政策分散在三个部"并不是最佳做法"。由于职权分散，联邦政府以及州政府的数字政策经常需要进行跨部门协调，从而让执行效力大打折扣。

● 因此"德国 4.0"的又一个**数字化范式**必须是：下一次联邦议院
选举后，必须在联邦政府中设立独立的"数字经济部"，并在州
一级为数字政策设立统一的组织机构，形式是在各州政府办公
厅设立直接对州长负责的数字国务秘书。

给德国的每个政党提出的基本要求是，将"数字政策"这个议题写到
自己的纲领里，并就该领域未来所面临的各种挑战给出解决问题的方案。
这样做有充分的理由，因为数字政策不是一个边缘问题。社会和经济的数
字化转型仍然在快速发展中，数字政策正在成为一个广泛的横向议题。数
字政策就是经济政策，其中包括的议题有初创企业、信息技术领域的中小
企业、风险投资、天使投资、孵化器以及"工业 4.0"等。数字政策同样也
是劳动政策，其中包括的议题有信息技术专业人才、线上工作时间、信息
技术领域的工作岗位设计、网上人力资源开发和招聘、外国信息技术专家
的移民等。数字政策同样是教育政策，其议题主要包括学院和大学对信息
技术专业人员以及电子创业者的教育和继续教育，数学、计算机科学、自
然科学与工程领域的教育和继续教育，并在数字行业内部为其设立统一的
技能性学位等。数字政策最终也是国内政策，议题主要包括隐私、宽带、
网络安全、光纤网络接入、网络中立、数据储存、成果保护权等。

然而，数字政策也是普遍的社会议题，与其相关联的问题是，将来人、
公司和机构之间通过数字网络形成的普遍沟通形式会是什么样的，与数字
网络一起形成的普遍沟通形式会是什么样的。虽然在过去二十年中由于技
术的发展这种沟通发生了根本变化，但是人们现在也只能初步预测未来十
年中这一领域的各种变化。生活的所有领域的数字化转型不仅早已开始，
而且仍将继续。这意味着需要讨论和回答一系列的政策问题。

2

技术 4.0

过去一直是由重要发明带动革命性的技术进步。蒸汽机引发了英格兰的第一次工业革命。电力与流水线生产方式标志着第二次革命，而1970年后微电子引发的自动化浪潮构成了第三次工业革命。作为上述三次工业革命的继续，德国采用"工业4.0"这个概念来命名第四次工业革命，旨在把工业与信息技术相互融合在一起。

但是技术进步还在继续。目前关键的技术进步至少在四个领域同时展开，即物联网、机器人、人工智能（AI）和3D打印。比起前几次工业革命，上述技术的共同作用给经济带来的变化可能更加深刻、更加迅速。大数据以及向云计算的转变等一般人看不到的技术也正在加入技术进步的行列，云计算作为基础设施技术通常被看作实现经济数字化的基础。所有这些发展变化不仅推动了工业的转型，而且实际上也推动了经济的整体转型。

把握这些时期的技术进步的困难之处往往在于技术进步的发展速度。在技术进步威胁到自己的商业模式并使之前很大程度上默默无闻的竞争对手变得强大之前，大多数企业高管看不清正在发生的技术进步。奇点大学 ① 的一项研究显示，世界财富500强企业中有四分之三的高管表示，自

---

① 奇点大学（Singularity University），位于美国加州硅谷地区。

己不了解与所在公司的经营活动没有直接关系的革命性技术发展。更为重要的是，80%的受访者确信，再过短短两年，上述几项关键技术将从根本上改变自己行业的游戏规则，而且所有受访者都预计这种根本性变化会发生在未来的五年内。[67]这些发现让人们猜到了近年来大公司在股票指数首位停留的时间越来越短的原因。

- "德国4.0"的另一个**数字化范式**必须是：让经理回到课堂！随着技术进步变得越来越重要，首席执行官也必须随时了解情况，并及时预测其对自己企业和商业模式的影响，这是一个重要的**数字化范式**。计算机算法如何起作用，当今的人工智能技术带来的结果是什么，对此每个领导者都要能够做出评估。

2.1

物联网（很快）就会到来

信息技术影响企业已经有很多年了，首先使企业的内部流程得到了简化，实现了自动化，然后影响的是企业的外部关系，比如与供应商和客户的关系。但是我们现在第一次看到了信息技术以传感器的形式大批量嵌入产品的情况。美国管理学大师迈克尔·E.波特预计，与信息技术发展的所有早期阶段相比，智能化、网络化的产品将改变企业的运行和组织方式。[68]物联网宣告了网络化下一个大发展阶段的到来，机器、运输工具，基本上所有耐用消费品都会装有微处理器加传感器，或者这两者之一，成为互联网的一部分。现代信息技术不再局限于计算机和智能手机，而是应用到了数十亿个实体生产因素和消费品上。网络化是大部分经济领域已经开始的自动化进程的基础。

产品前所未有的通信能力使其可以提供额外的基于数据的各种服务，进而扩展了许多企业的服务项目。也就是说，开发高质量产品要考虑到对产品的终身跟进服务，比如对产品的远程控制与优化。生产性企业正在转变为服务提供商，帮助客户使用产品，延长产品的使用寿命，降低能耗，并就可能出现的损坏及时发出提醒。此外，制造商首次可以直接使用数据来改进产品。世界上五分之一的公司已经开始进行网络化建设，其他 28% 的公司计划在不久的将来开始网络化建设，这是福雷斯特研究公司（Forrester Research）对全球 3 600 名企业决策者进行问卷调查后得出的结果。[69] 顺便说一下，调查得出，对网络化建设持赞同态度的中国企业数量最多。物联网的大多数应用目前用在物流、安全、监控以及库存与仓库管理方面。[70] 研究表明，智能产品主要用于医疗保健和能源管理方面。

● 由此可以得出的又一个**数字化范式**是：基于首批可用的网络产品数据的配套服务将发展成为一种商业模式。企业的服务不再以工厂大门为终点，对产品的全寿命周期服务成为重要的竞争因素，对公司的组织有着深远的影响。

2.2

数字机器人即将到来

由于想当瓦工的年轻人越来越少，澳大利亚瓦工的工资已经大幅上涨。澳大利亚快砖机器人公司（Fastbrick Robotics）不得不花七年的研发时间来设计一种建筑机器人，这种机器人的机械臂长达 28 米，两天就可以砌出一套普通独家住宅，而且因为是机器人，不需要人的帮助。先给这个机器人输入房子的 3D 建筑图，然后机器人就会从一个托盘上抓起砖块，必要时切割一下，将其浸入砂浆中，然后将砖块放到所需的位置。这款名为哈德良的机器人每小时可以砌 1 000 块砖，比熟练泥瓦匠要快 10 倍。澳大利亚公司的竞争对手美国建筑机器人公司（Construction Robotics）制造的建筑机器人山姆与哈德良的手艺几乎一样灵巧，但在砌墙的复杂位置仍然需要人帮忙。然而山姆的优势在于已经上市，据说售价为 50 万美元。

机器人成为同事

哈德良和山姆只是现代机器人应用的两个范例，这些机器人可以与世界各地的人们一起工作。两项主要研究已经大大拓宽了机器人的应用领域，它们可以灵活地对人的指令做出反应，因此可以从中学习，然后按照从人那儿学到的工作步骤来工作。过去，在大规模生产的工厂中，机器人只能执行之前由开发者通过编程设定的步骤，然而这些机器人现在正在成为人的同事，既会学习，又很勤奋。现在已有超过 3 万台物流机器人在亚马逊公司的仓库工作，可以把整个货架从大厅搬运到分拣站。亚马逊在一年之内将机器人的数量增加了一倍，因为其工作效率是人的四倍，但它们仍然需要由人将货物从完全自动化的货架中取出并装入包装袋中。然而，由机器人更快、更便宜地完成这些任务只是个时间问题。顺便说一下，来自柏林工业大学的一个团队赢得了亚马逊公司主办的最佳机械臂竞赛。虽然德国法院禁止亚马逊公司让员工周日上班，但是亚马逊公司正在全力开发全自动物流系统，需要的人手会越来越少。可能用不了十年就会出现第一辆无人驾驶货车或者第一架自动飞行货运无人机。

到目前为止，在生产过程中使用机器人还仅限于能够进行大量投资的大公司。情况正在发生变化，目前有价格为 2.5 万美元的轻型机器人，可以在生产车间里与人一起工作。旨在大量生产产品的刚性生产线会被灵活的设备取代。工厂变得越来越小，能更有针对性地适应当地市场。以中小型企业为主的德国工业也可以悄悄地利用一下这种变化。由于用机器人比用人成本更低，争夺最廉价劳动力的竞赛已经被机器人市场的竞赛所取代。机器人行业协会国际机器人联合会（IFR）预计，2013 至 2018 年，世界各国装备的工业机器人的数量将从 130 万增加到 230 万。[71] 很有意思的是，机器人的分布并不均衡，中国、美国、日本、韩国和德国五个国家装备的机器人占全球机器人总数的 70%。目前，这些国家正在大力投资新技术，未来几年他们领先其他国家的优势将继续加大。德国排在第五位，虽然在第一集团，但是无论是在新装备机器人的数量上，还是在人均机器人密度这个指标上都不是最高的。韩国的机器人密度领先日本，德国排名第三，但是和美国以及中国相比仍有很大的差距。德国的机器人主要用于汽车生产和电气行业，其次是冶金和化学行业，也就是说，正好是为德国创造了大部分财富和工作岗位的几个行业。

只有在使用机器人能为企业家带来回报的情况下，人才会持续地被机器所取代。事实就是如此，德国是个高工资国家，为了提高生产的自动化程度，其强大的工业为机器人的使用提供了许多可能性。据波士顿咨询公司预计，机器人将使劳动力成本降低 21%。[72] 考虑到预期的自动化速度和劳动力成本的变化，机器人将显著提高德国相对于其他国家的竞争力。德国的"波士顿全球制造业成本竞争力指数"将比美国高出 4 个百分点。根据这一计算，只有韩国从自动化中获得的优势会比德国更大，德国的几乎所有欧洲邻国的竞争力都在下降。对于德国来说，这是个很好的机会，在第一集团其他国家出手之前，德国可以通过果断投资来巩固其强势地位。

很难预测在出现劳动力短缺时需要多长时间才可以研发出专门用途机器人（参见哈德良的例子）。日本人口老龄化发展很快，劳动力短缺，相比较而言护理机器人的使用可能会变得更加普遍。第一家装备了服务机器人的酒店也已开始在日本营业，但是仍有人在后台工作，以便在需要时进行干预。但是趋势很明显，对于回答如何消除未来市场上劳动力短缺这个问题，机器人是个重要因素。

> ● 最重要的**数字化范式**之一是：机器人是人的朋友，不是敌人。
> 那些能够聪明地运用自身能力的人，可以摆脱许多烦人的日常
> 工作，获得进行创新活动的时间。因担心失业而放弃使用机器
> 人的企业很快就会丧失竞争力。

2.3

3D 打印改变分工

3D 打印是对产业结构有重大影响的第二项数字技术[73]，这个名称有些误导，3D 打印并不打印任何东西，更确切地说是"烤制"，因为机器通常是在高温作用下将好几种原材料组合起来，然后仅用一道工序生产出成品。这听起来有些不着边际，但是却有着巨大的潜力，将改变发达国家150 年来一直采用的生产方法，即把原材料以尽可能低的成本在一个地方加工成成品。然而在接下来的几十年里，生产方式会变为在消费所在地按照需求进行个性化生产。亚马逊的一项新专利展示了这种新型生产方式的极端情形，即把 3D 打印机安装在卡车上，然后在一定程度上直接在客户家门口"打印"订购的产品。

消费地的打印机

大家可以猜想一下 3D 打印机最终会对全球分工产生的效应，也就是说，打印机生产何种产品完全取决于所使用的原材料和软件。通常只生产一种或者几种产品的大型工厂的规模优势变得越来越不重要，老牌企业的竞争优势及进入市场的障碍也将越来越不重要。此外，生产地点的选择将

来几乎不受诸如劳动力和自然资源等生产要素配置的影响，而是主要取决于运输成本，即先将原材料运到机器所在地，接下来再把成品运送给客户的成本。这样做的结果是把生产的再次区域化转移到了消费所在地。因此，除了机器人，3D打印使低收入国家之前的竞争优势面临第二个重大的技术挑战。

在工业界，3D打印机早已用于样机制造，但最近几年其应用领域开始变得更加广阔。如今，3D打印仍然主要被视作现有生产流程的替代者，与传统生产流程相比，其优势首先是节省时间。美国3D打印公司3D复制（Carbon 3D）开发了一种打印工艺，有点像"变形金刚"中的机器人，据说比传统的打印工艺最高要快100倍。谷歌已经向该公司投资10亿美元，福特公司首席执行官艾伦·穆拉利对此感到非常兴奋，已加入该公司的监事会。3D复制公司现在的估值超过了10亿美元，是当前该领域众多的初创企业之一，其目前的巨大优势在于可以生产那些根本无法以传统方式生产的产品。轻型结构被认为是3D打印在这方面的一个应用范例，比如打印飞机或者汽车的轻型结构。不久后，在药品的单个生产方面，这项新技术也会很快充分发挥出自己的优势。用3D打印机打印假牙将很快变成现实，接受世界经济论坛采访的专家们预计，最晚到2024年，第一批"打印"出来的备用肝脏就会用于移植手术。[73]

3D打印早已不再是小众现象。据德国机械设备制造业联合会（VDMA）估计，3D打印市场的年增长率为25%。[74]德国是世界市场上领先的金属加工用途3D打印机制造商，美国在打印人工材料和医药方面处于领先地位。中国也决定发展3D打印，并投入大量资金进行开发，也得到了政府大量资金的支持。竞争不仅表现在谁制造的打印机最好（德国的强项），而且还将表现在谁为开发数字加工图纸提供的软件用起来最为方便。尽管活跃在这个市场上的初创企业已有数百家，但是对大家来说一切皆有可能，对德国公司而言也是如此。

> ● 3D打印机可以"打印"房屋、汽车和器官，它颠覆目前的劳动分工的潜力是巨大的。但是关键不在于打印机的制造，而在于控制打印机的软件，这正是符合3D打印发展的**数字化范式**。德国必须投入更多的资金来捍卫自己在这方面的优势地位。

2.4

人工智能潜力巨大

"人工智能是硅谷的新货币"，这是科技杂志《连线》刊登的一篇文章的标题，文章的主题是科技巨头谷歌和脸书公司正在争夺人工智能领域的顶尖人才。[75] 计算机现在可以学习和识别以前只有人脑才能处理的东西。这一结果源于两个方面的科技发展，即机器学习和深度学习，在对人工智能进行了几十年的艰苦研究后，现在正在取得巨大进展。机器学习是指计算机可以学习应用方面的范例，找出规律性，然后利用这些知识在没有人帮助的情况下解决新问题。深度学习是指把许多计算机相继应用到不同的数据层，只有拥有巨大的计算能力和数据量（大数据）才能做到这一点，然后计算机就可以识别声音或者图像。深度学习仍处于起步阶段，但许多科技公司都对这项技术非常感兴趣，比如，谷歌公司和苹果公司已经用这种方法显著地改进了自己的语言识别系统。在不久的将来，这种技术就会发展成熟，可以替代许多口译员的工作。

谷歌引领发展潮流

许多初创公司都扑向了这个新领域，但是谷歌的研究进展比其他任何人都要快。2012年以来，基于人工智能的开发项目的数量增加了50个，达到约 2 700 个，尤其是位于伦敦的谷歌子公司深度思考（Deep Mind）已经成为人工智能研究的热点所在，在一定程度上可以说深度思考公司是谷歌搜索的超级大脑。谷歌花 5.5 亿欧元收购了这家初创公司，从而确保了神经计算机系统和机器学习领域世界上最优秀的 150 名科学家能够为自己工作。深度思考公司的创始人戴密斯·哈萨比斯曾被誉为国际象棋界的奇才，为了实现计算机对人的智能的模仿，目前他正在制订自己的二十年研究计划。像许多科学家一样，哈萨比斯也像在下棋般创造性地开展这项研究，他的软件刚刚独立学习了 49 个雅达利（Atari）电子游戏。需要指出的是，与国际象棋计算机不同，计算机的游戏智能不再来自程序员，软件是在自己学习这种智能，计算机以这种方式学着对周围环境做出反应。当然，科学家们当作游戏研究的东西最终都有着商业背景，比如谷歌公司把来自伦敦的超级科技也融入了自己的产品中，如无人驾驶汽车，这正是德国企业仍在努力解决的问题。全世界都渴望得到德国的机器学习科学家，但谷歌公司和脸书公司的工作环境更好，这些人常常移民去了美国。德国工业界需要下大功夫改变这种情况。在争夺最优秀的人工智能研究人员的竞争中，单靠大学是无法取胜的。

为了得到人才，企业甚至愿意公开自己最珍贵的秘密。谷歌公司和脸书公司首次将他们的深度学习软件作为开放源代码提供给公众使用。当然他们脑子里想的是，让尽可能多的智能研究者使用软件，以此来扩展自己的生态系统，加速该领域的技术进步。美国人的计算能力非常强大，与其他研究人员的关系密切，融资手段几乎不受限制，在这些方面德国当然无法与美国进行竞争。

● "德国 4.0"的相应**数字化范式**是：想方设法把人工智能研究人员留在德国！德国科学家在人工智能领域位居世界顶尖科学家之列，但是他们正在改变立场，为谷歌公司或者脸书公司工作的德国顶尖科学家越来越多，两家公司用高薪和最佳研究条件吸引这些人加入自己。如果德国还想继续参与围绕这项未来技术的竞争，就必须阻止人才外流。

2.5

临界点至关重要

在上述技术领域，人们已经开展了几十年的研发工作，但是许多突破是现在才刚刚取得的。因此，人工智能、无人驾驶汽车和 3D 打印等重要数字技术进步的临界点将会很快到来。世界经济论坛为此采访了 800 名技术专家，他们认为，这几项技术将会大量用于经济、医药和交通领域。[76] 临界点是数字时代的里程碑，其标志是，此前的技术发展线性增长阶段戛然而止，（在最佳情况下）转入指数增长阶段。由于许多领域的技术进步同时加速进行，它们的结合也可以使新产品的出现速度快于很多人的预期。无人驾驶汽车就是一例，五年前还被称为遥远的乌托邦，现在正在加州的道路上行驶。以下是世界经济论坛专家对临界点的预测，这将会使许多市场发生翻天覆地的变化：

- 服务机器人：受访者预计，第一个以药剂师身份为客户提供咨询服务的机器人将于 2021 年入职，这只是许多基于知识的自动化服务的开幕式而已。

- 可穿戴互联网：到 2022 年，10% 的人会穿上与互联网相连接的衣服。91% 的受访专家预计，2025 年将达到临界点，应用领域包括医疗服务和量化自我应用。

- 3D 打印和生产：到 2022 年，3D 打印机将会生产出第一个车身。对许多行业而言，3D 打印极有可能成为颠覆性技术。加工图纸将以数字打印说明书的形式进行传输，然后在当地进行生产（打印）。

- 物联网：到 2022 年，将有 1 000 兆个传感器接入互联网。专家们认为，到那时几乎所有产品都会连接到网络上，这对经济而言将是非常有意义的。智能传感器现在价格很低，优势在于可以提高资源或者新的产品服务的使用效率。物联网有能力创造出客户想要的全新商业模式。

- 科技植入物：预计到 2023 年，人类可以将第一部手机植入人的皮下组织，比如利用智能文身形式。82% 的受访者预计，2025 年这项技术将达到临界点，应用领域首先是保健服务，比如糖尿病患者可以省去为测量血糖水平而去采血的麻烦。许多身体功能可以通过这种方式更精确地得到监控，因此可以在达到身体临界值之前及时接受治疗。

- 智能眼镜：专家们还预计，下一代谷歌眼镜最迟将于 2025 年出现。到 2023 年，所有眼镜中将会有 10% 的眼镜接入互联网。专家们认为，眼镜，也有可能是隐形眼镜，也许会具备虚拟现实功能。将于 2016 年上市的微软全息眼镜（Holo Lens）就是这些可能性的一个例子。几乎所有主要的科技公司都在研究这种眼镜，比如脸书、苹果和谷歌公司，这一事实表明，人们认为眼镜的潜力非常大，应用领域包括学习、导航、远程教学和娱乐。

- 3D 打印与保健：到 2024 年将首次进行 3D 打印肝脏的移植手术。受访专家们预计，到 2025 年所有消费品中有 5% 来自 3D 打印。对医学的影响多种多样，身体的"备用件"可以单独生产，更加便宜，而且也不浪费时间。3D 打印工艺现在就已经可以打印假牙。

- 智能家居：到 2024 年，智能应用和设备消耗的网络流量将占家庭流量消耗的 50%，居民的娱乐或者通信服务不再是流量消耗大户。优点是能源费用更低，舒适性和安全性更高。

- 智能城市：2026 年将会出现第一个不用交通信号灯的、人口超过 5 万的城市。这些智能城市将可以减少能源需求，优化物流与交通流。优点是生活质量更高、环境污染更少、劳动生产率更高。

- 无人驾驶汽车：到 2026 年，美国道路上 10% 的汽车为无人驾驶汽车。这种汽车行驶效率更高，事故更少，而且不用浪费时间寻找停车位。

- 人工智能：2026 年第一台人工智能计算机有望成为公司监事会的一

员。优点是可以做到理性决策并带来更多的工作岗位与创新。人工智能是许多办公室工作实现自动化的关键。因此，技术进步和效率的提高不再仅仅局限于生产领域，也会扩展到行政管理领域。

● 从围绕上述临界点的预测和发生的事件可以得出这样的结论，谁要是认为技术进步已经达到了顶峰，那就大错特错了。一系列的关键临界点预计在接下来的十年里才会出现。

因此，最重要的**数字化范式**之一是：企业家和员工必须开始学着热爱技术。否则的话，科技进步将把他们甩在身后。

3

经济 4.0

把数字化视作"普通"的工业革命（如蒸汽机的发明）是不够的。数字化席卷经济的所有领域，而不仅仅是生产与物流的流程，德国的"工业4.0"概念是对数字化的误解。在由"宽带""工业4.0"和"数字经济"组成的"经济4.0"中，没有什么东西可以保持原样。软件开发（人工智能）、3D打印、机器人和物联网等关键领域的技术进步互相促进，这种技术进步及相关的数字化商业流程和商业模式摧毁了截至目前的经济活动的基础，并为经济活动建立了新的基础。不仅信息技术很重要，用于开发、构建和运行线上与线下商业模式的电子化增值过程的数字专门技术也很重要，相比较而言后者更为重要。因此，所有变化的根源不是工厂，而是产品及其数字价值创造流程，产品必须满足日益受数字化影响的消费者的需求。以下几个数字趋势在接下来的几年中将从根本上改变经济活动和工作。

软件战胜硬件

产品智能化：通过软件和传感器，产品可以采集自己的使用信息，并始终与制造商保持联系。制造商现在可以在产品的整个生命周期内监控和改进产品的使用。以汽车为例，美国汽车制造商特斯拉通过软件更新为汽车增加新功能，如更新无人驾驶仪，或者赋予汽车随处寻找"司机"的能力，并让汽车自主开往"司机"所在地点。消费者以前只在计算机上见过的软件更新，将来也会成为耐用消费品的标配。除了软件更新，汽车服务还会出现数字化商业模式，可以基于数据向驾驶人提供附加服务项目或者产品性能，这使得软件比硬件更为重要，会给经济活动带来显著影响。再次以汽车为例，智能软件会取代发动机功率和车子品牌背后的"面子"工程，成为决定是否购买的因素，这个例子同时也说明，虽然德国可以通过采用或许已经彻底优化过的内燃机来提高制造传统汽车的效率，但是这并不能帮助德国汽车工业在数字变革中获胜。产品智能化比生产效率更为重要，这使以高效率著称的德国经济失去了一部分以前所具有的竞争优势。在为现有的硬件优势补充软件以及数字化商业流程和商业模式方面，德国同样也面临很大的压力，然而如果不这样做，德国的汽车制造商及其他领域的世界市场领先者就无法避免诺基亚在手机市场上的命运。

胜利属于拥有最佳机器人的国家

机器人和3D打印改变了全球劳动分工。与中国、美国或者德国的熟练工人相比，机器人的小时成本要低得多，大约为6美元。选择企业的首选生产基地不再是看哪里有最廉价的劳动力，而是看哪个国家拥有最能干的工业机器人。这种情况首先让中国感到很震惊，并促使其投入创纪录的资金来研发机器人。不久前中国有一家工厂投入了生产，现在只需要60个人，而不是以前所需要的650人，其余的工作都由机器人完成，机器人不仅产出更高，而且加工质量也更好。然而，60个人也仅是最初阶段所需要的人数，在这之后工厂的运行只需要20个人。因此，机器人市场的竞赛已经取代了对最廉价劳动力的争夺。

与此同时，3D打印机等发明取代了长期占据主导地位的规模效应，规模效应是选择在越来越大的工厂集中生产的一大原因。将世界各地的初加工产品和中间产品运送到工厂，组装成成品，然后再运输到消费地，这种生产模式已经不再适用于许多商品。将来，发往消费地的不再是货物，而是数字加工图纸，3D打印机在消费地用这些数据加工出所需的产品。研究贸易的专家托马斯·施特劳布哈尔给出的解释是，"传统的大宗商品贸易即将成为过去式".[77]所有行业的供应商都必须适应新的数字化生产流程，物流行业甚至经济学家也必须适应。施特劳布哈尔认为，经济学家现在必须撰写一套新的对外贸易理论。

共享产品降低成本

产品共享正在成为常规：数字化平台组织的"共享"将对所需产品的数量及其制造商产生重大影响。再次以汽车为例，软件开发人员在短短几年内就把无人驾驶从乌托邦变成了现实，一旦汽车实现了无人驾驶，所需的车辆会大大减少。人们更愿意使用无人驾驶出租车出行，而不是把私家车在95%的时间里停放在某处不加以利用。谁要是有时不需要自己的无人驾驶汽车，将来可以把车交给像优步公司这样的出行服务平台，平台把车租给客户使用，并让车及时返回车主身边。这样一来车主就可以利用车辆的闲置时间来赚钱，从而降低用车成本。

重要的后续效应：由于不断有来自技术行业的新竞争者加入市场，乘坐无人驾驶汽车出行的费用将大幅下降，对乘坐无人驾驶汽车出行的需求将会显著增加，这就减少了对自己汽车的需求。根据美国德勤咨询公司的计算，与其他人共享无人驾驶汽车的成本不到私家车每千米成本的三分之一[78]，仅凭这一点就有足够的理由认定，无人驾驶汽车很快就会在市场上获得成功。但这一变化的真正驱动者不是私家车驾驶员，而是像优步这样的出行服务提供商，优步公司的估值因此达到了令人惊奇的数额，超过600亿美元。其商业模式的长期发展目标是无人驾驶汽车，因此不需要驾驶员，这是因为平台目前的销售额中有60%到80%回流到了司机的口袋里。这些平台企业希望尽快消除这一成本因素，因此大力投资于全自动汽车的研发，这种汽车不仅可以载人，未来还可以运输货物。时任优步公司首席执行官的特拉维斯·卡兰尼克从长远考虑已经向特斯拉系列汽车的发明者埃隆·马斯克订购了50万辆无人驾驶汽车，现在只等特斯拉无人驾驶汽车上市。据说，特斯拉汽车的发明者马斯克告诉卡兰尼克，2020年可以实现这个产量。

在拥有传统车辆的大城市中，汽车共享需求也在持续上升，无人驾驶出租车将会更好地发挥作用。当好几个人去往同一个方向时，拼车就成了理所当然的事情，他们不仅共享汽车，也会分担车费。比如，从优步在旧金山的营业情况就可以观察到这种效应，优步在当地的市场份额达 5 亿美元，而出租车行业实现的营业额仅为 1.5 亿美元。在所有行程中，优步的拼车（Uber Pool）业务所占份额已达 50%，优步拼车是集体乘坐出租车出行的另一种形式。随着价格的下降需求还在增加，这反过来成就了像优步拼车这样的共享产品，从而可以进一步降低出行费用。从这个例子可以清楚地看到技术进步给市场带来的改变。

对劳动力市场的影响几乎一样大：机器将来可以更好地完成之前由人来处理的许多日常事务，而且成本更低。工厂的生产活动早已经历了这样的变化，现在轮到了办公室的日常工作，包括会计师、办事员以及分析师等很多人的工作，在所有管理活动中有 50% 可以由机器来完成。人们不会因此就失业，但是必须学会如何利用机器来工作，而不是与机器作对。这将带来巨大的（继续）教育需求，这种需求从中小学校开始，在大学中得以继续，在企业中达到顶峰。这个教育浪潮才刚刚开始。但是如果想把人们带上数字化之路，教育就是成就德国未来发展的一大关键因素。

数字竞争对手正在走来

虽然技术在许多情况下是数字化转型的触发因素，但是起决定作用的是其对数字化商业流程和商业模式的经济影响。在数字时代，诸如很大的规模效应、分销渠道的控制和强大的品牌，老牌企业常用的这些保护伞很快就会被摧毁。技术克服了进入市场的壁垒，即使是在像汽车工业等迄今为止一直受入市壁垒保护的行业中也是如此，汽车工业曾经在长达几十年的时间里不必担心会出现新的竞争对手。

行业界限正在变得模糊，新竞争对手冒了出来，而之前却没有人发现这些竞争对手。其标志往往是成本要低得多，而利润却要更高。但是他们很少向股东分红，大多把这些资金投资于风险更高的未来项目。竞争链的起点是刚成立的科技公司与老牌企业之间巨大的劳动生产率差异，每位谷歌员工实现的营业额高出德国软件集团思爱普员工大约 6 倍；亚马逊员工实现的人均营业额比零售商奥托的人均营业额高出 3 倍。

> ● 扫视一下这个"大变局"可以得出经济的第一个**数字化范式**是：学会数字思维！前所未有的竞争对手正在通过新技术、有利的成本结构和对数字消费者意愿的了解渗透进以前受到保护的市场。任何想在数字化浪潮中取得胜利的人，都必须使自己的商业模式适应数字世界，并从过去的错误中吸取教训。

3.1

过去在数字化上犯下的错误

1999 年时一切本来可以变得更好，总部位于汉堡的出版商古纳亚尔（Gruner+Jahr）1997 年就已经开始开发火球（Fireball）搜索引擎，那时还没有谷歌。火球搜索本来可以成为欧洲互联网冠军企业的萌芽，因为火球迅速发展成了刚刚起步的搜索引擎市场的领先者。但是后来的发展与人们的设想不一致，因为也就是在这个时候，古纳亚尔出版集团的母公司贝塔斯曼在为互联网门户网站莱科斯欧洲（Lycos Europe）的首次公开募股做准备。与美国合作伙伴莱科斯公司（Lycos Inc.）签订的合同禁止贝塔斯曼运营竞争性的搜索引擎业务。为解决这个问题，火球被立即出售给了莱科斯欧洲，但是后者对开发第二个搜索引擎没有兴趣。随后火球被并入一家子公司，后者比整个莱科斯欧洲衰败得更快，德国错失了一个可能创造历史的机会。几乎就在采取这个手段的同时，谷歌推出了自己在德国的服务，短短几年就赢得了主导地位，占领了整个线上广告市场的一半，而古纳亚尔仍在为进入网络时代而挣扎。

在错失机会的公司中，排在前列的还有德国互联网服务提供商T-Online。"T-Online 是德国的诺基亚"，一位德国互联网公司经理这样描述德国电信的门户网站的衰落。其网站市值曾经高达 150 亿欧元，本来有可能成为欧洲的互联网冠军企业，在法国、西班牙、奥地利和瑞士设有分支机构。但是德国电信的这家子公司缺乏战略思维，2006 年被重新并入了德国电信，这可以被看作其走向衰落的开始。在从国外撤出并退出新的商业领域后，剩下的 T-Online 门户网站最终被紧急出售，出售价只有以前价值的一小部分，至少还保住了其仅有的一点价值。

在手机移动应用领域，德国同样也错失了机会。在苹果推出苹果手机获得成功之后，2007 年以来几乎每一部手机上都装有应用程序。而第一个移动应用程序其实出现得要更早一些，因为在 2004 年基尔周活动期间，德国已经推出了第一个基于手机通用移动通信系统的移动应用程序。基尔大学电子商务与电子创业研究所教授科尔曼——本书作者之一——与合作伙伴 T-Mobile（德国电信子公司）、摩托罗拉、毕洛克（beLocal）公司和其他公司一起，为基尔周活动开发了一款移动应用程序，所使用的手机是当时摩托罗拉公司正在进行测试的基于手机通用移动通信系统的首批手机之一。每天可以向基尔周活动的参观者出借 200 部内置了这款移动应用程序的手机。通过 T-Mobile 公司的第一批手机通用移动通信系统发射塔，应用程序可以收到最新数据，其中一部分发射塔是专为这个试点项目架起的。借助应用程序，参观者能够在触摸屏上了解活动公告、舞台节目、帆船比赛的目的地，以及配备有文字、图片甚至视频元素的景点介绍。程序中也已经加入了使用者定位功能，其基于地图的线路导航可以告诉用户都有哪些活动以及在什么地方举行。尽管现场试验非常成功，但是不管是 T-Mobile 公司还是摩托罗拉都没有抓住这个机会继续研发。三年后才由苹果公司迈出了这一步。

2007 年的大学生网（StudiVZ）案例虽有些不同，却是同样悲惨，又有一个出版商错过了一生的机会。霍尔茨布林克刚刚接手大学生网络社区交友平台大学生网，就在这时，脸书创始人马克·扎克伯格提议以脸书 5%

的股份换取有"德国脸书"之称的大学生网。霍尔茨布林克甚至已经签了意向书，但后来犹豫了太久。不久后，雷曼兄弟的破产引爆了金融危机，扎克伯格失去耐心并撤回了这一提议。不久出版商就对没有签约感到后悔，因为用户成群结队地转向了脸书。最后霍尔茨布林克因为犹豫不决而空手而归，没有得到脸书的股份，而脸书截至 2016 年已价值数百亿美元。参股本来可以成为打造德国互联网帝国的基础。

缺乏冒险精神，反应太慢、太不坚定，缺乏战略思维的勇气，也使德国在数字经济领域错失了许多其他机会。虽然来自德国的互联网科技公司已经成功推进到了具有竞争力的经营规模，比如联合网络（United Internet）；这一类公司还包括火箭网络（Rocket Internet）、扎拉多、外卖超人和 24 小时入住（Check 24），但是这些公司又有些特别，因为（太多）创始人更愿意高价把自己的企业出售给美国人。mobile.de、Scout-Gruppe、Trivago、Brands4Friends、BigPoint、Teamviewer[1] 原本是德国数字经济领域六家颇具潜力的初创公司，它们以及 Pay.On[2] 却均以一亿到数十亿美元不等的价格落入了美国公司手中。对于创始人和投资者而言，这些可能是很好的交易，但对于发展德国自己的数字经济而言却不是好事。

> ● 数字化第一阶段的教训带给德国经济的第二个**数字化范式是**：靠防守无法赢得比赛。我们需要更多愿意承担风险并具有战略思维的大胆企业家，比如奥利弗·萨姆威尔，德国人对失败者随时随地表现出的尖酸刻毒对促进创业而言是个错误的信号。

---

[1] mobile.de，德国线上汽车交易网站。
　Scout-Gruppe，德国住宅和商业房地产在线平台。
　Trivago，酒店线上预订网站。
　Brands4Friends，时尚、休闲生活品牌特卖网站。
　BigPoint，线上游戏开发商。
　Teamviewer，远程会议及控制软件。
[2] Pay.On，电子商务支付平台。

3.1.1

德国的数字经济现状

粗粗浏览统计数据或许可以得出结论，德国的互联网发展得非常好。德国数字经济联合会提供的 2008 年至 2014 年数字经济统计研究报告[79]及特恩斯赢华泰市场调查公司（TNS Infratest）2015 年的监测报告[44]表明这一领域的增长很强劲。数字经济显然是德国经济发展的引擎之一。近年来，德国数字经济的市场规模每年平均增长 10%，2015 年达到 730 亿欧元。根据理特（Arthur D. Little）管理顾问有限公司和"生态"互联网经济协会的估算，德国互联网经济在未来几年也将继续快速增长。他们预测，2020 年前每年将增长 12%。[80]

德国与世界顶尖国家的差距越来越大

然而，坏消息是，增长并不足以让德国赶上国际上的竞争对手。相对于国民经济的规模而言，这个水平太低了。根据特恩斯赢华泰的监测报告，2013 年至 2016 年，数字经济在总产值中的份额只是从 3% 上升到了 4%。而其他国家的纯在线行业在总产值中的份额要更高一些，英国的互联网公司对国民生产总值的贡献率为 12%，美国、中国、日本以及韩国的互联网产业对各自国民经济的贡献无论是绝对值还是所占比例都要比德国高。[81]德国与世界顶尖国家的差距正在拉大，在 2010 年至 2016 年期间，全球 20 个最大国家的互联网经济营业额估计会增加 2 万亿美元，德国仅占其中 600 亿美元。不仅一点儿也看不到一些政客所说的追赶过程，恰恰相反，德国还在继续衰落。

在国际比较中，德国的数字经济能力最多只是中等而已，在欧洲经济研究中心发布的"2015 年数字经济监测报告"中，德国在总分 100 分中仅得到 53 分，在十个参评国家中排名第六位。市场研究人员给出的结论是"德国表现一般"。美国遥遥领先，其次是韩国和英国。中国去年从第七位上升到了第四位，已经超过德国。

虽然德国的数字化正在发展，但与竞争对手相比，发展速度太慢，不足以维持现状。不仅美国拥有数字经济高地硅谷，而且中国现在对数字经济的投入也是德国的数倍。美国人复制了经过第一次互联网浪潮检验的体系，但是提升到了更高的层次上，因为可以把第一波创业获得的利润一并投入发展中。中国人已经意识到数字化是实现下一次跨越式发展的重要机会，像阿里巴巴、百度和小米这样的大公司只是中国数字公司的先头部队而已，这些公司正在迅速涌入世界市场。斯坦福大学教授史蒂夫·布兰克说："北京花十年时间取得了硅谷三十年才取得的成就。"[82]许多受过良好教育的中国人每年从大学毕业或者从美国回到中国，效仿他们的榜样——阿里巴巴公司的创始人马云开始数字创业。不出所料，美国塔夫茨大学的数字进化指数也表明，德国无法跟上这种发展速度，这并不让人感到惊讶。[83]在全球比较中，布兰克教授把德国仅列在第十三位，列在"失速"（下滑）一栏中，而2009年时德国还排在第九名。

● 经济的第三个**数字化范式**是：德国在国际竞争中落后，德国数字经济发展的表现远远配不上其作为工业强国本应具有的地位。如果没有针对性的数字区位政策，德国将继续落后于美国、中国、印度以及英国等国家。

详细了解德国互联网经济的各个方面，可以看出德国在数字化竞赛的上半场遇到的问题。为了揭示结构性问题，可以把市场分为四个领域：提供互联网连接的网络运营领域，提供存储空间和云服务的领域，网上贸易以及广告等交易领域，出售数字内容的领域。

第一层次包括所有提供传输路径和互联网接入点的供应商。主要参与者包括网络运营商，如德国电信、沃达丰公司（Vodafone）、西班牙电信和美国三级通信公司（Level 3），或者互联网交换枢纽，如互联网数据交换服务商等。"生态"互联网经济协会以及理特公司估计，这个细分市场2015

年的销售额为 227 亿欧元，未来几年将温和增长，平均增长率为 7%。[80]

第二层次的企业以网络基础设施为依托，负责提供网络存储空间，管理网络地址或者经营公共云服务。供应商包括联合网络公司、亚马逊网络服务公司。这个细分市场的销售额为 26 亿欧元，仍然非常小，但增长速度最快，高达每年 21%。

第三层次包括谷歌公司、亚马逊、eBay、奥托、星网、不动产侦查网①、贝宝（Paypal）等大型企业。其中既有汇总内容的企业（如网上商城、搜索引擎），也包括靠产品交易生存的公司（如线上商家、广告营销商和支付服务提供商）。因此，这个细分市场的销售额最大，达 430 亿欧元，未来几年平均增长 13%，增速在四个列入观察的细分市场中处于平均水平。

第四层次的企业在网上出售内容，其中包括出版社、游戏制作商（如 Goodgame Studios）、电影与音乐提供商（如奈飞、Spotify②），以及电子出版服务商。这个细分市场的销售额为 42 亿欧元，但每年预计增长 18%，潜力巨大。最重要的是，与其他国家相比，德国的视频市场仍然非常小，有许多增长机会。

40% 的数字商务掌握在外国人手中

"生态"互联网经济协会以及理特公司认为，外国公司在德国所占有的比例很高是德国数字经济能力低下的重要原因之一，这些公司在德国通常只设有销售组织，把研究、开发和管理大多放在本国，把在德国获得的利润转移到国外。[80]根据理特公司的计算，德国约有 40% 的数字商务掌握在外国公司手中。就付费内容而言，这一比例特别高，为 60% 至 70%，因为奈飞、Spotify 和苹果等公司在市场上居于主导地位。排在第二位的是服务与应用程序部分，外国公司所占份额为 50% 至 60%，这部分市场由美国云服务（如亚马逊网络服务、微软 Azure③ 技术服务）主导。尽管德国电信

---

① 不动产侦查网（Immobilienscout），德国最大的不动产网站。
② Spotify，流媒体音乐服务平台。
③ 微软 Azure，微软基于云计算的操作系统。

在网络和基础设施市场处于领先地位，但在该市场上排在第二位的沃达丰和第三位的西班牙电信都是外国公司，因此这些需求中约有一半来自外国人。仅在第三层次，即汇总和交易中，外国公司所占份额远低于50%，为25%至35%，原因在于，公司之间的电子贸易比例很高，仅电子贸易一项就占了整个互联网市场的36%左右，贸易主要在德国公司之间进行，外国公司所占比例比较低只是因为B2B所占份额比较高，因为来自美国的公司在其他细分市场的领先很明显，比如在私人终端用户网上交易、网络广告、支付方式和网上商城等领域。

特别棘手的是：许多外国公司在主要线上市场里都是毫无对手的赢家，如搜索（谷歌），社交媒体（脸书），线上贸易（亚马逊），音乐（苹果、Spotify），视频（YouTube、亚马逊、奈飞），旅行（缤客网、亿客行、爱彼迎）。结果是，现在德国营业额最大的10家互联网公司（不含电子商务）中有8家是来自美国的公司。

> ● 由此发现的**数字化范式**是：到目前为止没有任何其他主要经济强国像德国一样将自己的线上市场如此全面地交了出去。为了防止在数字经济领域继续下滑，企业和政府必须彻底改变思维方式。

3.1.2

上半场：错过数字化！

因此，不得不说德国错过了数字化竞赛的上半场。仔细观察截至目前主要的消费者市场可以发现，形势很快会到明显改善也不太现实。恰恰相反，在许多市场中，与德国供应商相比，外国平台运营商的市场份额目前还在增加。由于智能管理平台通常会吸引越来越多的商务活动，所以这些市场的集中度还在提高。如果平台运营商没有犯下严重错误，甚至可能会出现垄断趋势，市场份额进一步向谷歌、脸书、亚马逊等大型外国供应商集中的风险很大，而且还在不断上升。

线上贸易即是证明上述论点的精辟范例，市场领先者亚马逊正在稳步扩大其在线上贸易市场的地位，并且速度远超来自德国的竞争对手。2010年以来，亚马逊德国在销售额上领先追赶者的优势仍在继续扩大，比如领先奥托和扎拉多的优势。然而，特别引人瞩目的是平台的附加效应，在亚马逊平台上分销产品的外来卖家在总量上甚至比亚马逊商城的运营商增长得更快，这些外来卖家现在实现的收入加起来几乎与亚马逊本身一样多。这进一步加强了亚马逊的市场领先者地位，因为每卖出一件产品，市场领先者都可以收到接近自销利润率的佣金。因此，到底是自己当供应商，还是仅仅做商城运营商，对亚马逊而言在很大程度上并不重要。对资产负债表的影响基本相同，甚至可能更好。

来自美国的世界市场领先者在德国变得一年比一年更加强大。2014年，德国网上销售额中已有38%是在亚马逊及亚马逊商城上完成的。许多在线采购商如今不再费力去寻找自己所需产品的供应商，而是直接去亚马逊。凭借良好的服务、不断扩大的产品种类、快速交付（通常是当天）以及巧妙的亚马逊客户联系计划 ①，亚马逊还在不断扩大领先竞争对手的优势。

亚马逊获得成功的一个重要原因是创始人杰夫·贝佐斯的战略，即立即将所得利润进行再投资，尤其是投资于改进物流和建立新的商业模式。贝佐斯因此不得不面对股价停滞长达十年的情况，这是因为交易所无论如何也不愿奖励他的这个增长路线。直到2008年，投资者才开始充满信心，并在那时把亚马逊送进了世界十大最具价值的上市公司的行列。在十大最具价值的公司中有五家来自美国的科技巨头，亚马逊只是其中一个，2015

---

① 亚马逊客户联系计划（Amazon Prime），亚马逊的高价会员服务计划。

年苹果、谷歌、微软和脸书的市值也进入了世界前十。科技公司从来没有获得过如此高的地位，1995 年科技公司在顶尖企业群体的总市值中所占份额还是 0，十年后增加到了 10%，而 2015 年已经增加到 59%。从股票交易所也可以明显感受到美国和德国之间的差异，在德国 30 家主要上市公司中只有思爱普一家公司为"年轻"的软件企业，德国最具价值的两家互联网公司联合网络和扎拉多，市值分别为 100 亿和 80 亿欧元（2015 年末），虽然现在已经进入德国前三十大企业，而且增长前景良好，但是与排在榜首的企业群体仍有很大差距。

美国公司的股票市值高有两大原因，一是持续高速增长的前景，另一个是企业利润率高，这是美国公司的传统。30% 的投资回报率在科技行业并不少见，但在传统行业中很难见到。与传统行业的竞争对手相比，高回报使科技公司有机会在研发方面投入更多的资金。因此，科技公司可以依靠自己的力量不断建立新的商业领域，或者直接买入。只要继续快速增长和获得高利润的前景持续存在，股市就会更快地原谅科技公司的高风险，甚至失败，而来自传统行业的竞争对手就享受不到这种待遇。

亚马逊就是一例，该公司通过名为"网络服务"（Web Service）的云服务构建了一个非常有利可图的新商业领域，已经成了全球市场的领先者。现在云服务的盈利能力甚至可以通过交叉补贴来支撑贸易业务。亚马逊投入很多资金开发的智能手机在市场上根本无人问津，导致财务减计数亿资金，股市很快就原谅了亚马逊遇到的类似失败。"我在亚马逊公司赔了数十亿美元，但我的工作是鼓励大家大胆尝试。"贝佐斯这样说道。但是几个伟大的成功弥补了几十个失败，这些失败通常很快就会得到纠正，在下次尝试时可以做得更好。硅谷的风险投资家的做法也与贝佐斯相似，比起欧洲的竞争对手，他们敢于下大得多的赌注。

消费者市场已经永远失去

上面所说的消费者市场可能已经永远"失去"，对德国来说这应该成为动力，从而在正在接受数字化的行业中做得更好。那些想轻松做事的人可能会指出，德国根本无法赢得这些新出现的消费者市场，因为竞争对手美国有着庞大的本土市场，聚集了很强的软件能力，而且硅谷有着雄厚的金融实力。在目前正面临数字化的市场中，比如机器制造和汽车工业，不必担心这些结构上的缺点。恰恰相反，这一次德国因为其强大的产业竞争力具有明显的优势，在许多产业市场中这种优势肯定还在，但是在截至目前的主要消费者市场上，德国的优势已经大幅缩水，如在汽车制造方面。

谷歌和特斯拉只用短短几年时间就通过无人驾驶汽车和电动汽车等创新技术超越了德国汽车行业一直无可争议的领先地位。德国人还在制造最好的汽车，但是如果消费者未来更加喜欢舒适的出行方案，由服务提供商把自己从甲地快速而又便宜地送到乙地，德国人是否还会偏爱德国自产的汽车呢？如果人们突然开始想要像特斯拉这样的网联电动汽车，因为特斯拉已经为大众市场准备好了普通人买得起的汽车型号，德国人是否也做好了准备呢？这方面的第一个征兆已经很明显，在特斯拉3的正式推介会过去仅一天后，其新型电动车就接到了共计超过23万台的预订订单，该车的标配型售价仅为3.5万美元，每位客户都存下了1 000美元以表达购买该车的愿望。如果要让传统产业确保德国的持久繁荣和经济增长，德国就必须避免在其他消费者市场上所犯的错误再次发生，比如在贸易领域所犯的错误。

从数字化竞赛的上半场得出的教训是，在数字经济中速度非常重要。那些犹豫不决的人往往不再能够赶上市场领先者，除非后者犯了严重错误。谁犹豫太久，当突然出现完全出乎意料的新竞争对手时，就会感到错愕不已，这种情况在许多市场中都已经可以观察到。德国信息通信技术和新媒体协会为准备2015年孵化大会（hub conference）所做的一项民意调查显示，在来自银行、媒体、汽车、旅游和制药行业的所有公司中，平均而言，有56%企业自评后认为自己更有可能是数字化的迟到者，8%的企业自评后认为自己已经败下阵来。[84]大约一半的受访企业已经与渗透进自己市场的数字行业新竞争对手展开了竞争。

> ● 从数字化的第一阶段得出的重要**数字化范式**是：美国人凭借成功的平台战略为自己在消费者市场上的优势地位奠定了基础。数字攻击者在第二阶段有可能也会使用这些经过考验的平台战略。从防御者的角度来看，先于攻击者采取行动至关重要。

3.1.3

下半场：唤醒数字化！

像任何变革一样，数字化也是既有赢家又有输家。所有更快、更好而又更便宜，或者单是更好或者更便宜的技术都得到了经济界和社会的认可，并改变了现行规则和结构，如轮子、蒸汽机、收音机和汽车都是这样。互联网以及基于互联网的数字技术现在正在一起改变当前的秩序。面对这场竞赛的下半场，德国经济界首先必须勇敢而坚定地实施数字化，把转型看作对自身结构的根本性改变，并积极塑造转型过程，而不是仅仅成为被动的适应者。德国的明确目标必须是坚定地跨入数字时代，让尽可能多的赢家在数字竞赛的下半场取胜。为此我们尤其必须做到一点：立即觉醒并参与到数字化的进程中来！

任何行业都无法长期无视技术创新带来的变化。尤其是数字技术的颠覆性影响经常以极快的速度向我们袭来，反应时间必须要尽可能地短。然而，根据凯捷（Capgemini）管理顾问公司的一项研究，传统经济部门对颠覆性变化的平均响应时间为两年，这就让人开始担心起德国经济的未来。在两年的时间里，爱彼迎已经在全球约 3.4 万个城市为约 3 000 万名宾客提供了约 200 万次住宿；在相同时间内 Snapchat 每月吸引的用户数超过 1 亿，他们每天上传的照片最多达 7 亿张。鉴于这样的速度，可以得出如下结论，即许多老牌公司和行业根本没有意识到自己正在驶向数字冰山，就像泰坦尼克号甲板上的庆祝人群没有意识到危险正在迫近一样。多个研究报告反复指出，尽管接受采访的公司决策者注意到了数字变革，却认为其对自己公司的影响微乎其微。

中小型企业低估数字变革

中小型企业尤其让人担忧。研究与创新专家委员会（EFI）提交的2016年评估报告认为："中小型企业看起来对实施数字经济的新商业模式感到很困难。公司越小，数字技术的重要性也越低，因此专家委员会担心大多数中小企业低估了数字变革的重要性。"[85]专家委员会发现，总体而言，数字化已成为德国经济的薄弱环节。专家委员会主席迪特马尔·哈霍夫在介绍研究报告时指出："就利用新的数字化能力而言，德国公司目前仅处于国际平均水平。"[86]除了少数几家企业外，德国公司在数字经济的新领域到目前为止还没有建立任何优势。

委员会对德国在电子政务方面的缓慢发展进行了点名批评，这是德国现在明显落后于其他工业化国家的原因之一。报告指出，"德国政府办公机构的数字沙漠"使创新和价值创造的重要潜力没有得到利用。[87]研究人员指出，在服务机器人领域也需要追赶。虽然德国在工业机器人技术方面处于有利位置，但是在工业生产以外的其他领域，机器人的使用率仍然非常低。报告还指出，专注于工业领域，尤其是汽车生产，遮蔽了人们对服务机器人领域最新发展变化的洞察，比如，在老年人护理、医药、物流领域使用机器人。

也就是说，研究与创新专家委员会的研究人员主要是在提醒中小型企业不要低估数字化的重要性及其对商业模式的影响。[87]经济的数字化不仅仅指建个网站，建立电子贸易或者数字营销，未来也不再局限于特定行业（贸易、媒体）或者企业的个别部门（营销、通信）。数字化也不仅指实施以生产为导向的德国"工业4.0"计划。数字化接下来将遍及所有行业和价值创造的所有阶段。形象地说，数字化已经不再止步于线上营销人员与线上沟通者的办公室，而是继续向前挤进了企业管理层、工厂车间和研发实验室。在德国的核心产业中，数字化也是直到现在才得以成为决定性竞争要素，在这些行业中无人驾驶汽车、智能机器人、远程控制机器、基于数据的商业模式正在补充甚至完全取代传统的竞争要素。

> ● 最重要的经济的**数字化范式**是：数字化涉及所有公司，从根本上改变了商业模式，所有管理者务必要转变思维方式。因为数字化只涉及企业部分领域而由首席执行官委任代表负责数字化的时代已经彻底过去，现在需要的是"数字领导层"。

由于数字化一方面意味着提高自己原来所在的市场的效率，另一方面也意味着开发新产品和新市场，因此要长期保持德国经济的竞争力必须双管齐下。由于"工业4.0"计划通常被视为工厂的数字化，所以常常也仅被当作提高效率的工具，不包括对开发新产品的思考，所以"工业4.0"计划并不足以维持现状或者扩大领先竞争对手的优势。相反，"工业4.0"计划再次显示了德国人行事方式的根本问题：德国人不是从客户角度出发思考新的数据产品，然后在思考完毕后就着手据此调整生产，而是从现有生产流程的优化、数字化开始思考问题。结果是纯粹的工艺改进，却没有产品创新。比如，如果没人再买柯达公司的产品，柯达为了使胶卷的生产成本降低30%而把制造流程数字化，这对柯达公司又有什么用呢。

德国希望在数字化竞赛的下半场实现什么样的目标，对这个问题西门子公司首席技术官齐格弗里德·鲁斯沃姆有一次说得很到位："我不相信德国通过'工业4.0'将再次成为世界工业设备制造基地。"[88] 他认为，更应该把目标定为，将来也能够为世界提供机器设备，但必须是智能的。鲁斯沃姆还认为，"如果德国依然能够成为世界的生产技术部门，我们就已经取得了很大的成就，我们正朝着这个目标努力"。因此，西门子和思爱普等工业设备供应商正在投资实施数字化。然而，德国制造业的数字化要缓慢得多。拥有数字产品的外国竞争对手很有可能会超越众多当今仍然领先的德国公司。到目前为止，尤其是基于数据分析而且严格以客户利益为导向的各种商业模式尚未成为德国的优势。然而，这两个因素在物联网中将变得越来越重要。

由于"数字化一切可以数字化的东西"这个原则在发挥作用，比竞争对手更快的数字化步伐对未来的成功有着重要影响。认为数字化可能会绕开自己的行业，这种完全徒劳的愿望以及紧接着所采取的犹豫不决的行动大多已被证明是错误的。我们已经看到了其他国家对推进数字化的极大热情和重视，得出的结论只能是，德国现在至少要以同样的决心确定通向"德国 4.0"的道路，不应该再浪费本已不多的时间。菲利普·尤斯图斯预言，"数字化永远不会再像现在这么缓慢"[89]，他在硅谷工作过很长时间，肯定知道这一点。现在他是谷歌德国公司的负责人，而谷歌是数字化最重要的领跑者。

德国是否已经准备好迎接第二个数字化浪潮？显然还没有。根据 2015 数字经济监测报告，从计算得出的"数字经济指数"看，德国在满分 100 分中仅得到 49 分。报告作者认为："得分低于 50% 这个标志线表明，我们在数字化上没有取得多大进展。"[44] 该指数用于衡量商业与内部流程的数字化程度以及数字技术与服务的使用强度。预计该指数到 2020 年会增长至 56 点，也只是个"缓慢"的追赶过程，还有很大的提升空间。

就"工业 4.0"准备情况对德国各种规模的企业进行的第一次代表性调查表明，经济界仍然犹豫不决。欧洲经济研究所（ZEW）对德国 4 500 家公司进行调查后发现，只有 18% 的企业在调查进行时（2015 年初）知道"工业 4.0"这个概念，只有 4% 的企业已经实施了相应的数字项目或者正在进行规划。[90] 欧洲经济研究所研究员艾琳内·贝尔特舍克评论说："尽管政府和行业协会纷纷呼吁企业在数字化过程中不要失去本国产业的领先优势，但是实际的投资项目屈指可数，而且仅限于少数几家企业。"在那之后开始数字化的企业数量可能增加了，但是只有少数几家公司乐意向数字时代进发。

德国经济研究所的第一份结构报告得出了类似的结果。立场更加接近雇主一方的德国经济研究所总结道："虽然'工业 4.0'被视为确保德国工业国际竞争力的未来计划，但实际上几乎没有得到推广，超过五分之二的企业表示没有听说过'工业 4.0'，或者认为这个问题对自己不重要。"[91]

"工业 4.0"尚未实施

德国经济研究所的研究结果表明在实施"工业 4.0"方面还有很多工作要做。58% 的公司仍然是门外汉，31% 的公司刚刚起步，这意味着，2015 年初，在德国制造业中，只有大约 10% 的加工业企业在认真实施"工业 4.0"。当时"工业 4.0"专家很少或者根本没有，因为只有在大部分供应商、合作伙伴和客户也加入数字化商业流程后，加工业领域的数字化先行者自身才能真正加入数字化商务流程。然而，由于德国加工业领域的大部分企业仍在观望，先行者们在数字化上的进一步发展也受到了阻碍。

德国的宽带网络供应不足，是专家们对德国实施数字化所面临的最大障碍的一致判断。[92]虽然所有主要工业化国家都在增加对光纤的投资，但是德国不管是在网络的现有能力，还是在建设计划方面都落后于其他国家。联邦网络署决定，优先装备短期看来成本更低的铜质电缆，而不是优先鼓励对光纤的投资，虽然这对实现德国政府数字议程中规定的每秒 50 兆的目标有帮助，但是阻碍了对建设符合未来要求的宽带基础设施的必要投资，未来的宽带基础设施对网速的要求远远大于每秒 50 兆。对于物联网而言，确保短的响应时间比高的传输速率更重要，但是对于农村地区而言，传输速率作为经济区位要素反过来又更加重要一些。

● 历史已经表明，基础设施能够促进创新，并推动新的商业模式的发展。因此，下一个**数字化范式**是：德国虽然是经济实力最强的工业化国家之一，但是为数字时代建设的网络基础设施却是二流的，这是不能原谅的错误。现在不投资建设光纤网络是很多错误决定中的一个，政府必定会因为这些错误决定而受到指责。

行业之间存在明显差异。信息技术、电信、机器制造和电气工程领域几乎有一半的公司早就知道数字化这个问题。平均而言，在这些行业中大约五分之一的公司已有起步项目。然而在顶尖群体之外，数字化计划的知名度与数量下降很快。令人惊讶的是，虽然供应链的网络化有巨大的潜力可以挖掘，但排在末尾的恰恰是运输和物流行业，该行业只有6%的公司知道数字化这个概念，仅有1.3%的公司正在实施数字化。[92]因此，物流业可能很快就会被拖进数字化的旋涡。以亚马逊为例可以看出，需要大量的初始投资并不能保护行业免受新加入者的影响，公司目前正在建设完整的物流基础设施，包括一批集装箱船和货运飞机，从而将物流本身也掌握在自己手中。如果亚马逊遵循其先前的商业模式，第二步将是向其他公司提供这些物流服务。此前亚马逊用同样方式已经将贸易和云计算的生产率提升到了更高的水平。这一点现在同样可能发生在物流行业。

管理层缺乏数字知识

德国人仍然没有普遍理解即将到来的数字时代将要引发的变化。对德国管理者的数字知识进行测试会发现明显的漏洞，而对大学生进行测试漏洞就要小得多。"负责信息技术的经理认为加工业的数字化是未来两年需要应对的主要挑战。市场研究公司国际数据中心（IDC）得出的结果是，生产部门负责人和专业领域负责人仍然不理解技术发展将在多大程度上改变企业的经营活动。"该研究公司调查了员工人数大于等于100的较大型加工业企业对"工业4.0"主题的看法。[93]

调查报告指出，"工业4.0"当前的应用焦点是采集、监视和控制流程与产品信息。减少错误显然比重新设计与优化制造工艺更为重要。在工厂所有者与工厂运营者之间形成了双速"工业4.0"，所有者希望通过创新、附加服务和开拓新销售渠道扩大"传统"的产品业务。

- 下一个**数字化范式**是："工业 4.0"是错误的做法。工厂的数字化不足以长期保障竞争优势。相反，专注于生产的效率优势使人们忽略了对产品的必要创新，然而要更好地满足客户的需求，就必须进行产品创新。这正是德国经济的短板所在。

数字化第二阶段产生的国民经济效应无疑要大于第一阶段。德国的长期繁荣取决于数字化，德国首席经济学家克莱门斯·菲斯特指出了数字化对国民经济的重要性。[94]现在正是确定数字时代关键发展方向的时候。由于在传统经济领域的强势地位，德国在数字世界中仍有很好的机会发挥主导作用。但是我们必须从第一阶段所犯的错误中吸取教训，现在开始选择正确的路径，以防德国的机器制造商或者汽车制造商也被排挤出第一集团的情况出现。

许多德国公司在世界市场上仍然遥遥领先，他们目前的美国或者中国竞争对手在数字化上也还没有走得很远。但是，现在的竞争对手并不一定将来也仍然是竞争对手。目前，许多数字企业正在涉足已经稳固下来的市场，比如，以谷歌和脸书为首的数千家来自美国、中国和以色列的初创企业。谁要是只关注眼前的行业竞争对手，很快就会忽视新的竞争对手，因为这些公司不仅仅来自硅谷。谷歌、苹果、优步以及特斯拉等数字企业也着手在机器制造以及汽车制造等行业建立全球性平台，开发物联网操作系统或者投资数十亿美元购买机器人。弗劳恩霍夫协会研究员托马斯·鲍尔恩汉斯尔警告说，中国机器人与谷歌软件的结合对德国而言可能会成为一种危险的结合。[95]第一辆在道路上正常行驶的无人驾驶汽车来自谷歌，现在正在加利福尼亚行驶，而不是在德国。大多数工业机器人出现在中国，而不是在德国。鲍尔恩汉斯尔预计，2020 年我们会看到，谷歌或者其他美国公司是否能够为机器人研发出占优势的操作系统以及相应的平台。

在当前情况下，谁要是仍然认为对于小型创业社区而言数字化只是个次要议题，就必须尽快转变思路。以大型实体企业为标志的水平型德国国家有限公司的时代已经结束，我们需要新的垂直型德国孵化器，即网络时代大中型实体企业与中小型实体企业以及小型数字企业之间的媒介。为什么呢？一些企业（仍然）可以进入市场，而另一些企业则可以在产品方面进行数字创新。未来，每个行业都将有一家具有颠覆性商业创意的数字初创公司，这些公司拥有大量风险资本，渴望而且将会改变传统结构。在这一背景下，为了使德国能够在数字经济竞赛的下半场获得胜利，我们必须特别注意以下三个方面：

- 未来我们必须不断讨论传统工业和中小企业的数字竞争力问题。
- 我们需要通过促进初创企业来支持数字创新力量，并建立生态系统，让德国甚或欧洲的初创数字公司也可以成长为网络经济领域的世界市场领先者。
- 我们必须发掘出传统工业、中小型企业以及创新型初创企业的商业模式之间的数字协同效应，并让行动参与者有组织而又毫不动摇地团结起来。

那些未来不能或者不想跟上数字化步伐的人，迟早会被逐出市场。作为信息与通信、创意与媒体以及纯互联网经济活动的交叉产业，数字经济对德国的经济区位至关重要，为德国提供了巨大的机遇，这既指激活、增加和整合行动参与者（经济、政治、金融部门），也指支持性服务项目（咨询、融资、生态系统）。这可以或者说必须和坚持不懈改善德国数字经济的框架条件同步进行。我们能够做到！我们也能够实现"数字化"！为了获得数字化竞赛下半场的胜利，我们必须也要能够做到这一点，为此目的我们必须接受数字经济的新游戏规则。

3.2

数字经济当前的游戏规则

企业奔向数字未来的伟大历程已经开始。作为工业史可上溯的最后一个阶段，电气化曾经与当前的数字化阶段一样令人兴奋，其转型过程持续了几十年，最后成为领先者的经济大国是美国，而不再是英国。因为在技术大变革的历史上，大多数情况下，那些在新技术方面特别强大的企业占了上风，而不是那些在先前的技术方面处于领先地位的公司。"驱逐舰"和"护卫舰"之间的战斗大多是"驱逐舰"获胜。然而，德国公司大多扮演着"护卫舰"的角色，他们过去所犯的最大错误常常是起初并没有把发起攻击的"驱逐舰"当回事。

德国的鞋类零售商就是个很好的例子，2008年时他们还想象不到客户很快就会在网上订购鞋子，而扎拉多是2009年才开始教大家在网上购物的。尽管有着教训，目前的工业旗舰企业仍然在低估数字攻击者。最好的例子来自汽车工业，大众公司首席执行官马蒂亚斯·穆勒认为"无人驾驶汽车是种炒作"[96]，戴姆勒首席执行官迪特·蔡澈说："汽车是我们发明的，苹果汽车不会让我们感到不安。"[97]这让我们看到，像以前的鞋店、报纸出版商和电信管理者一样，大公司的掌门人同样想象不到新技术有着如此大的颠覆力量。不管怎么说，已经可以看出大家都在学习。蔡澈最近访问硅谷后承认："我们认为，这些硅谷企业的能力和见识超出了我们的预计。"[98]更引人注目的是，丰田公司的一位经理说："我感到震惊的是，谷歌在这么短的时间内就达到了目前这个水平。"讲出这句话后不久，丰田宣布将给硅谷的一个研究中心投资10亿美元，以便尽快补上在无人驾驶汽车领域的差距。

这是因为硅谷活跃着新型的愿意冒险的企业领导人，比如，特斯拉的创始人埃隆·马斯克通过软件更新来发挥汽车的无人驾驶功能，并免费向所有竞争对手提供重要专利，从而更快地共同建立起电动汽车市场。良好的电动汽车充电站网络被认为是创建大众化电动汽车市场的关键标准，比起自己单独干，特斯拉与竞争对手一起建设可以更快一些。德国经理们可能会觉得这完全是个愚蠢的举动。事实上，这个做法很聪明——联合起来创造一个全球市场，同时将公司上升为平台运营商。

> ● 下一个**数字化范式**是：许多数字企业的特点是把使用各种新的商业模式与技术进步的高速发展相结合。那些想捍卫自己市场的人，必须迅速在这两个方面做出反应。对新旧竞争对手的关注对于公司的成功变得愈加重要。

3.2.1

赢者近乎通吃

如果德国公司的首席执行官能够像杰夫·贝佐斯或者埃隆·马斯克一样胆子再大一点，对企业来说肯定会有好处，因为在数字经济中，所在领域的赢家占有 70% 甚或 80% 的市场份额，抢占了大生意；排在市场第二、第三位的企业不得不靠仅剩的市场份额为生存而战。因此，美国公司的目标往往是成为全球市场中某个领域的赢家；美国企业认为，从经济角度看，排在第二位及以后没有多大意义。认识到这一点的企业在数字世界中甘愿冒更大的风险去获得市场领先地位。如果存在获得市场领先地位以及高额利润的前景，就甘愿冒出现高额损失的风险，比如，为了把当地的市场领先者滴滴公司赶出市场，优步出行服务每年仅在中国的损失就高达 10 亿美元。许多德国公司完全不熟悉这种数字经济的风险行为。但是高风险游戏，无论是为了占领全球市场，还是押注于一项新技术的成功，都是数字世界的特征。失败是必须付出的代价，每一次失败都会增加下一次尝试更为成功的概率。

但是一旦平台提供者占据了领先位置，攻击者再想进入市场的资本需求就会增加。谷歌正在不断建立更高速的数据中心，从而改进搜索引擎提供的答案，并以快出几百万分之一秒的速度送出答案。亚马逊正在建立更加密集的物流网络，尽可能在当天送达产品。物流中心的机器人和送货无人机只是亚马逊大项目中的两个而已，除亚马逊外，这样的大项目几乎没有人投资得起，但正是这些项目可以确保亚马逊的领先地位。在其他市场也可以观察到这种拉大自己领先对手优势的运动。谁要是足够成功，并赚取了大量利润，必要时可以把看上去危险的竞争对手直接从市场买走，脸书收购 WhatsApp 和 Instagram 就是这般操作。

也就是说，市场领导者的优势随着规模的扩大而增加，与第二、第三名的距离也在拉开，因此很难再从第二或者第三的位置攻击排在第一位的市场领先者。除非你像谷歌、苹果或者脸书一样拥有大型互联网平台，而平台又拥有足够大的用户基础，可以从自己原来所在的市场进入新市场。苹果进入音乐流媒体市场就是这方面的例子，苹果的攻击对象是该领域的世界市场领导者 Spotify 公司，这场斗争的结果目前仍然不明朗。

● 在网上大家只争夺第一名。由于市场领导者可以赚更多的钱，也可以承担更高的风险来占据制高点，一旦发生实质性战斗，德国公司几乎没有机会与美国公司抗衡。因此如果有机会赢得市场，犹豫不决是个可怕的错误，这是另一个**数字化范式**。

3.2.2

网络平台经济

数字经济领域的竞争与传统的模拟世界有很大的不同。那些不了解这些差异的人，会很快被竞争对手挤出市场。重点是平台模式的开发，这种模式已经成为零售业（B2C）中占主导地位的数字竞争模式。全球前20大企业中的10家，特别是消费者市场的大企业，都以平台模式为基础，而且由于巨大的成功，企业的数量还在继续增加。企业间商务平台也在不断发展，但其特征和构建所需的时间与消费者市场大不相同。

在数字经济领域，越来越多的数字企业以具有垂直价值链的传统"管道"市场为起点，然后努力转为沟通供应商与客户的中间商。几乎所有主要的网络公司，如苹果（应用程序开发平台）、脸书（媒体平台）、优步（交通）、爱彼迎（私人客房供应商）、缤客网（酒店），采用的都是平台模式，都获得了成功，现在平台模式已经在几乎所有行业中得到了应用。刚开始时，数字公司通常对很低的附加值就会感到满意；与客户建立起联系他们就会感到心满意足。在这个目标实现后，为了占据价值创造链中的很大一部分，商业模式通常会逐步扩展。然而，传统供应商一旦失去了与客户的联系，就很难阻止数字攻击者的进一步渗透。

如果实体产品能够通过接口让外部开发人员有机会给产品增加一些附加功能的话，那么像卓棒（Jawbone）健身手镯之类的产品也可以作为平台来设计。在这一背景下，总体上来讲，根据埃文斯、加韦以"平台企业的崛起"为题进行的研究[99]，平台可以划分为以下不同形式：

- 交易平台是供应商和客户之间的中介，比如优步、爱彼迎。
- 创新平台负责整合不同公司的技术或者产品开发。
- 集成平台将交易与创新结合在一起，比如，苹果和谷歌的应用商店是应用开发者和用户之间的中介，同时也起着对开发的整合和促进作用。

平台也可以按照所有权结构进行分类：

- 开放式（或者公共）平台对所有企业都是开放的，企业从资源共享中获益。
- 私有平台掌握在企业手中，通常是交易平台。对交易平台而言，规模效应起着支配性作用。

平台种类在北美、亚洲和欧洲的分布表明，美国人在集成与创新平台方面占据明显优势，而亚洲人在交易平台方面稍微领先一步，欧洲在所有类别上都落后很多。这再一次非常清楚地表明，欧洲在国际线上竞争中已经落后！

平台击败产品

巧妙的平台运营商集中了许多供应商的优势，使平台上的产品大多数时候比起供应商单独组织的要更好，这是平台模式战胜传统供应商获得成功的重要原因。美国经济学家马歇尔·范阿尔斯特恩的说法是，"平台总是战胜产品"。[100] 该论点的典型例子是，黑莓手机作为智能手机的先驱，曾经也是很好的产品，但与苹果强大的平台相比，黑莓孤军奋战，没有获胜机会。因此，产品通过功能获胜，而平台通过社区获胜。平台的关键特征是积极的网络效应，即市场另一端每多一个参与者，参加平台带来的好处就会成倍增加。比如，使用预订平台的游客越多，如缤客网，供应商（酒店）在平台上为其房间宣传的力度就越大；反过来，平台上每次可以比较的酒店越多，旅游者们获得的好处也越多，因为竞争通常可以使价格更加优惠，游客们进行商品或者服务的比较更加方便。

达到一定规模后，处于中间的平台提供者的境况就会非常舒适，因为供应商和客户受到吸引，愿意作为市场参与者留在平台上。经济学家称之为双面市场，这意味着，平台上作为供应商活动的公司越多，平台给消费者的好处（产品选择更多、价格更低）就越多；反之亦然，在平台上作为客户出现的消费者越多，供应商销售产品的机会就越多。与此同时，所谓的间接网络效应也在起作用，对于企业和消费者这两个群体而言，一个群体越大，另一个群体参加平台的好处就越多。因此，好的平台提供者总是说服两个群体参加进来，通常可以通过巧妙的激励措施来实现，但是有时候也可以直接提供大量现金补贴来达到目的。

对双方而言，数字平台的优势在于可以让供需变得透明，显著降低贸易的交易成本，从而显著增加市场容量。在 eBay 公司出现之前，虽然也有跳蚤市场，但是总是限于某个区域。突然有了一个集中了所有东西的巨大跳蚤市场，这就立刻把二手货的贸易提高到了更高的水平。谁如果没兴趣在跳蚤市场上设个摊位，就错过了方便地向数百万人出售自己不再需要的商品的机会。

平台对消费者有利，对生产商不利

然而，随着平台规模的不断扩大，给双方带来的好处的分布通常并不均匀，这也正是现代数字平台的特殊性所在。超出临界规模的平台运营者倾向于首先榨取生产商的租金，即诱导供应商降低价格，让消费者比较了解市场的整体情况，并获得有利的交易条件。因此，大多数情况下，平台规模越大，客户越是喜欢；供应商对此则是爱恨交加，因为随着平台规模的增长，他们可以实现更多的营业额，但是盈利却越来越少。生产商通常是唯一的风险承担者，但是必须将盈利中越来越大的一部分交给平台运营者。一旦超过某个关键节点，就等于平台运营者在某种程度上获得了印钞许可，除非他们在消费者那里犯了严重错误，而这样的错误很罕见，比如，eBay 虽然仍是个正常运转的平台，但是已经失去了自己的优势，因为其服务早已不再透明。

范阿尔斯特恩解释说："平台之间的竞争往往是赢家通吃。"[100] 然而，市场结果并非具有强制性。当不同平台之间不兼容时，消费者常常同时使用不同的平台，比如，同时使用几个社交网络，如脸书与推特同时使用，或者领英与星两个社交网络同时使用。现在有着足够大的市场，可以容纳两个或者两个以上的平台，并长期维持其存在。游戏机（微软的 Xbox、索尼的 PlayStation 和任天堂的 Wii）和智能手机系统（谷歌的安卓、苹果的 iOS）就是这方面的例子，在这些领域有多个竞争性平台在用户和应用程序开发者之间起着中介作用。经济学家把这种现象称为"多方持有行为"。

B2B 平台竞赛

平台通过整合供求越来越多地把之前高度分散的消费者市场组织了起来，B2B 公司也希望采取行动。将来把高度分散的市场组织起来的是一系列的平台，而不是市场这只"看不见的手"。杜伊斯堡的钢铁贸易商克罗克内（Klöckner）公司就是一例，公司希望提高目前占据优势的昂贵的仓储式贸易模式的效率。为此，公司首席执行官吉斯伯特·鲁尔希望创建一个其他公司也可以加入的"开放"平台，平台会比较公平地对待运营商和其他企业。只有这样，其他公司才愿意参加进来。

这种开放平台模式在 B2B 市场很受欢迎，但仍处于开发的早期阶段。德国企业在这个市场的起点要比在消费者市场好得多，他们希望扮演平台运营商的角色。西门子、思爱普、博世（Bosch）、通快（Trumpf）集团和几家中小型企业都在努力建设这类平台，而且在与美国的竞争中往往占有先机。但是在该领域的优势也可能很快就会成为过去，比如，思爱普选择亚斯珀尔科技公司（Jasper Technologies）作为合作伙伴，但该公司现在被思爱普的美国竞争对手思科公司以 14 亿美元收购了。亚斯珀尔公司创建了一个已经有 3 500 家公司使用的平台，目的是让物联网上的不同东西更方便地形成一个网络。同样以思科为例，与德国公司相比，思科在思维类型上的差异也很好理解，该公司正处于从最大的网络设备制造商转型成为物联网平台的过程中。美国人完成这种转型的方式很有美国特色，即下定决心，而德国人觉得这样做很肤浅。思科已经彻底换掉了那些代表着旧模式的人，并不是因为他们素质不高，思科德国公司的负责人奥利弗·图兹克解释说："想要改变，就必须从最高层开始。"[101] 最重要的是，2015 年年中，约翰·钱伯斯被他的女婿查克·罗宾斯取代，后者的风格完全不同。罗宾斯随后解散了青贮部门（Silos），并替换了全球管理团队中的一半人马。图兹克说："彻底改变的意愿不仅被视作立场坚定的榜样，而且得到了坚决贯彻。"他认为，随着创新周期的缩短，发展速度必须显著加快。那些从德国公司来到思科的人对速度的印象非常深刻。思科的一位经理说："这里的速度完全改变了我，我没有想到这样一家大公司能够变得如此快。"顺便说一句，许多管理者在转入思科后认为，美国人的速度简直像是在地狱里一般。这个例子也清楚地表明，那些想要创建平台并将其转化为数字经济领域冠军企业的人，不仅脑袋要机灵，而且行动要快。

> ● 平台已经取代市场这只"看不见的手"成为经济领域的组织力量，美国人向我们展示了如何为消费者搭建平台。现在，我们应该向他们展示如何成功搭建行业平台，这是数字经济领域或许最为重要的**数字化范式**。

3.2.3

基于数据的产品的威力

然而，数字化并非仅是搭建平台而已，因为平台通常整合的仅是现有产品，或者通过创建更大的商城把新供应商吸引过来。新供应商会对市场进行清理，因此是商业模式的创新，但产品大多以前已经存在。数字技术还可以改进现有产品，创造全新的产品。新供应商通常将数据作为竞争因素，因为这些数据很少被老牌供应商利用，比如，基于所有移动用户实时数据的现代导航系统就是纯数字产品，谷歌将这些数据用在了自己的地图产品［谷歌地图（Google Maps）］上。但是应用范例远不止这一个，比如，旅游业可以构建应用程序来显示当前热门目的地的客流密度，通过显示滑雪道上缆车的等待时间、滑雪道上的拥挤情况，甚至是空置的停车位，滑雪地可以在与对手（其他景点）的竞争中为自己谋得优势。

物联网未来几年将会成为主要的竞争因素。竞争大师迈克尔·E.波特认为：“就像互联网应用于信息技术时产生的情况一样，智能网联产品将改变许多行业的竞争结构，而制造业的变革将是最深刻的变革。”[102] 智能产品为产品差异化创造了更多的可能性，尤其是通过提供互补的、基于数据的服务。服务是开发新产品的最大杠杆，可能也是德国工业最易受到威胁的敞开的侧翼，这是因为，如果制造商将来掌握了客户使用其产品的精确数据，手中就握有了提供额外服务的原材料。飞机发动机制造商就可以告诉使用自己发动机的航空公司如何减少航空煤油的消耗或者如何优化发动机昂贵的维护工作。

价格和效率在竞争中的重要性不断下降

这一变化产生的结果是，价格和生产效率作为竞争因素越来越不是那么重要了（这进一步凸显了“工业4.0”是个错误的认识）。另一方面，产品开发变得越来越重要，不仅包括实体产品，还包括附加服务的开发，特别是数据分析。德国在这方面并不太擅长，这也可能是因为对数据保护的理解过于夸张。德国的数据保护往往是为了保护而保护，而这常常会妨碍发展竞争性的商业模式。在其他国家，特别是美国，商业模式更为重要，数据保护作为必要附带条件被融入商业模式之中。

如果不改变我们看问题的视角，数据保护人士总有一天会完全扼杀德国的数字经济。因此，在德国进行的关于数字化的讨论中，前三个概念是“数据保护”“数据安全”和“宽带”也就不足为奇了；在美国的相关讨论中，关键词变成了“创新”“颠覆”和“增长”。在消费电子、信息和通信博览会（CeBIT）举办的欢迎之夜活动上，对2016年最热门主题进行的现场民意调查也印证了这种印象，博览会的主题是"安全"，而不是"数字颠覆""数字化转型"或者"数字创新"等概念。信息安全议题当然也很重要，但对于数字经济的成功来说，仅有安全是不够的，还需要有足够的勇气。当然这里并不是要提倡不充分的数据保护和有缺陷的数据主权，但是迫切需要就目标发生冲突时各目标的优先等级展开讨论。

● 剥夺数据保护卫士自我美化的权力！德国在这一领域僵化的做法扼杀了许多商业模式。这一**数字化范式**并不是提倡自由散漫的数据管理，但是让用户自己承担更多的自我责任，由他们自己决定自己数据的价值，将是一种务实做法的开端，这种做法不仅可以保护数据，也可以保障经济发展。

由于竞争对手没有产品的使用数据，所以数据作为额外的竞争因素通常可将客户更紧密地与某个供应商联系在一起，这一点对于德国的许多传统行业的市场领先者而言是个巨大的机遇。如果由这些市场领先者自己提供基于数据的附加功能，来自技术行业的新企业进入市场的障碍就会大一些。此外，目前没有一家来自德国的初创企业能够通过"数据保护"这个主观臆想的竞争因素在国际竞争中获胜。

3.2.4

通过商业模式实施颠覆

哈佛商学院教授克莱顿·克里斯滕森首次提出了"颠覆性创新"这个概念。[103]以前这种情况非常罕见；如今，在人工智能、3D打印、传感器、机器人等多个领域的技术进步不断加速的时代，颠覆现象发生的频率要更高些。从克里斯滕森 1995 年所下定义的最初意义看，"颠覆"是指资源很少的小公司有能力挑战老牌供应商所开展的业务的过程。大多数情况下，小公司的颠覆从较低的价格开始，服务对象为那些对行业巨头不具有吸引力的客户，因为行业巨头专注于服务高收入客户。但是从价格曲线的底部开始只是新来者逐步席卷市场的开端。"颠覆性"企业只能用自己的低成本战略来应对攻击者，这一点从移动电话市场或者航空公司身上都可以看到。然而，基督教意义上的颠覆也意味着创造一个全新的市场。在克里斯滕森看来，优步并不是一家颠覆性企业，因为它是通过高额的投资直接从主流市场起步的，后来才从事出租车业务的高端与低端服务。

"颠覆"这个概念如今被广泛应用于对老牌企业的各种形式的破坏，采用一种新的商业模式或者进入价格区间顶端开展业务，也可能会将老牌企业挤出市场。尽管扩大这个概念的使用范围可能并不符合克里斯滕森的本意，但是作为数字世界中各种"破坏活动"的指称，这个概念现在已经为人所接受。"优步综合征"就是一例，是指拥有完全不同商业模式的竞争对手突然进入一个行业，将一家企业挤出市场。但是如何武装自己的企业才能对抗那些自己还不认识也不知道来自哪个角落的攻击者呢？如果通过新的数字化商业模式可以创造出或者破坏掉整个市场，仅有产品创新是否就可以防止颠覆的发生呢？同样以优步为例，该公司不是通过产品，而是通过数字平台这个商业模式改变了运输市场。而苹果公司就不一样，一开始是苹果手机，在这款出色的产品问世之后公司才推出了同样出色的应用商店这个平台模式，为客户提供了数以百万计的应用程序，使苹果手机变得更好。或许单凭苹果手机就足以"摧毁"诺基亚，但是面对产品和商业模式结合起来形成的颠覆，诺基亚公司没有任何获胜的机会。

面对新市场不畏惧

就企业如何才能为数字化做好最佳准备这个问题，国际商用机器（IBM）公司调查了来自 70 个国家 21 个行业的 5 247 名决策者[104]，所提问题包括创新、快速增长，也包括高利润灯塔型企业与迟到者到底有什么不同这个问题。灯塔型企业比迟到者更清楚被市场上的新来者"颠覆"的风险。警觉的人反应更快，敢于更快地进入新市场，旨在成为先行者，也比迟到者更关注客户反馈。数字先锋和迟到者的最大区别在于：只有下放决策流程，企业才能获得所需的速度。越来越多的情况证明，等级制管理结构是传统企业转型为快速数字企业的障碍。因此秘诀是"让更多的童子军到前线"，将更多的决策权限下移至直接面对客户的员工。

通过降低成本无法永久性击退攻击者

技术本身并不是目的。使用技术首先是为了开发出更好的产品和服务，更加密切与客户的联系，之后才是提高生产、营销和分销的效率等目标。这样做符合人们的认识，即降低成本无法永久性地阻止攻击者。此外，80% 的受访者正在试验新的商业模式。最流行的两种模式是开放模式和平台模式，前者需要与局外企业系统地合作，从而找到新途径。除此之外还有集成商模式、免费增值模式、"剃须刀 + 刀片"模式（即低价出售像剃须刀这样的基本产品，然后向像刀片这样的配套产品收取高价）以及长尾模式。选择在测试实验室刚刚测试过的新商业模式也是一种流行的做法，这样就可以避免蚕食核心业务，但是必须稍后把新模式融入核心业务中去。

企业亟须面对的下一个冲击是行业边界的消失。平台运营商同样会通过客户联系进行扩张。借助技术进步，企业现在可以相对容易地将自己在一个市场上的知识用到另一个市场上。谷歌就是这方面的典型例子，谷歌公司已经用自己的软件知识制造出了无人驾驶汽车。就在接下来的三到五年内预计会出现的所有"下一波冲击"而言，在接受采访的决策者中，对"传统的行业边界将会消失"这个看法持肯定意见的人最多。

来自数字行业的攻击者通常在价值链中占据关键位置，插在客户和传统供应商之间，传统供应商就会慢慢退出舞台。攻击者可以分为两种类型，一类是像阿里巴巴或者腾讯这样的数字巨头，这些企业直接攻击中国的传统银行；另一类是涉猎者，也就是许多小型初创公司，它们单个看来通常不是很危险，作为群体却会变得相当危险。欧洲金融科技行业由许多这样的"涉猎者"组成，它们希望通过更好的前端服务插在银行与客户之间，但是通常没有银行营业执照，也根本不想进入实质性的银行业务。

以前关注同行业群体相对比较容易，而现在人们认为来自外部潜在的竞争对手的风险要大得多。与 2013 年的民意调查相比，来自其他行业的新竞争对手的数量预计会增长 26%。[89] 比起那些还面临巨大变革的行业，早已开始推进数字化的行业能够更清楚地认识到作为数字攻击者的初创企业对自己的威胁。

诸如 WhatsApp 这样的初创企业在几年内就摧毁了市场，如果还没有过这样的经历，就很难想象自己的行业会出现类似情况。指数级的技术发展速度常常会与决策者大脑中的线性思维发生碰撞，这种情况会使一个企业短短几年内就退出市场，诺基亚就是一例。与此同时，像优步这样的攻击者表明，由于拥有从第一次线上浪潮中获得的数十亿美元的风险投资，他们也能够系统地攻击规模很大的行业。然而，很小的企业也能产生很大的影响，德国电信总裁莱因哈德·克莱门斯承认，像 WhatsApp 这样的移动通信服务企业使电信业失去了 400 亿美元的利润。

> ● "德国 4.0"的相应**数字化范式**是：许多管理者想不出数字竞争对手是通过什么样的战略渗透进自己的市场的。给大家一个建议，大多数情况下，竞争对手来自消费者一侧，因为他们借助现代技术创造了更好的客户体验。虽然对数字攻击者进行系统的观察很费时间，但是为了能够及时做出反应，进行系统的观察比以往任何时候都更有必要。

德国的电信企业或者银行花了多年时间才推出了与 WhatsApp 或者贝宝进行竞争的产品，这是德国所面临的根本性的两难处境。由于技术进步还在加速，数字攻击者的数量也随之增加，企业要成功就必须压缩反应时间。要变得更快，就得减少管理层级，并更好地划分权限。

虽然公司总经理们多年前就已经认为技术是最重要的游戏改变者，但是负责财务、营销、技术和人力资源的经理们现在才接受了这一观点。然而，对于来自世界各地的管理者来说，仅仅使用技术来提高效率是不够的，因为技术不能带来持久的竞争优势。其他国家的经理们更加雄心勃勃，这一点与许多德国决策者明显不同。当被问及"工业 4.0"战略的目标时，大多数德国企业决策者的回答是，工厂数字化的目标是自动化，并以此降低成本。[89]然而，通过降低成本充其量只能暂时捍卫将被颠覆的市场。如果出租车司机挣的钱更少，那无人驾驶汽车的发展就会势不可当。

● "德国 4.0"的相应**数字化范式**是：从防御角度看，技术可以降低成本。从进攻角度看，可以用技术来开发新产品。现在要做的是，做一件事，但是也不要放弃另一件事。不再具有竞争力的产品无法通过提高效率获救。因此创新能力是数字时代的核心问题。

更贴近消费者、与消费者直接互动对于为自己获得竞争优势起着重要作用；许多情况下，这两点决定着谁赢谁输。亚马逊对竞争对手及自己的员工很严厉，但是员工们完全履行了让亚马逊成为世界上对客户最友好的公司的要求。结果是，根据冒险之旅网（Venture Beat）的一篇报道，已有44% 的美国消费者在亚马逊上搜索产品，不再使用传统的搜索引擎和比较引擎，这是布罗姆里奇（Bloom Reach）公司对 2 000 名消费者进行民意调查得出的结果。[105]四年前上亚马逊网搜索产品的人只有 30%。

亚马逊已经让近一半的网上买家相信，其优质服务使得任何产品与价格比较都变得多余了。即使竞争对手有时更便宜一些，对许多客户而言，优质服务也值得他们多付出那部分钱。通过智能手机购物的趋势将进一步加强市场领先者的优势地位，因为亚马逊应用程序显然是第一大购物选择。就美国数字公司的许多战略而言，亚马逊是个很好的范例，即从与客户的结合点出发走向成功。当然还需要高效的流程作为支撑，这一点德国公司也能够做到。德国公司与美国公司的差距在于背后与客户的联系。

● 给企业家的重要**数字化范式**是：让客户快乐，他们会让你快乐。在数字时代，每个企业都会通过智能手机或者其他智能产品与消费者建立直接联系，从产品对客户的好处出发考虑问题成了企业成功的关键。

3.2.5
转向"数字领导"的必要性

毫无疑问，史蒂夫·乔布斯具备数字领导才能，埃隆·马斯克肯定也有。在德国，博世总裁沃克马尔·登纳和克罗克内公司首席执行官吉斯伯特·鲁尔都属于具有"数字领导才能"的精英管理群体，也就是说，在数字化转型的当前阶段，具有正确领导公司需要的知识和能力。然而，大众首席执行官马蒂亚斯·穆勒（"无人驾驶汽车是一种炒作"）却让人质疑他是否能够激励几十万员工参与到即将到来的与创新性平台企业的竞争中来。

德国的企业决策者自我评估后认为自己具备"数字领导才能"，这是研究和产业人员绩效中心对503名德国企业高管进行民意调查后得出的结果。[106]然而他们的自我印象与别人对他们的印象之间的偏差非常大。市场研究人员从决策者的回答推断，只有7%的人可以归入"数字领导者"，即在充满颠覆性变化的世界中具备做出正确决定所需要的数字化方面的必要知识以及必不可少的管理能力。

自我评估与他者印象之间存在差异的原因是，那些自称是"数字领导者"却声称在业余时间不使用互联网的人，会被扣分。对数字事物的热情决不能止于工厂门口，因为外部数字世界比企业内部数字业务的变化速度要快得多。谁要是没有看到爱彼迎公司是如何扩大影响的，没有自己用过优步的出行服务，或者想不出 Snapchat 的公司为何如此吸引年轻人，就很难培养出对自己所在行业发展趋势的判断力。

大多数决策者是"数字新手"

绝大多数（70%）的决策者因此被归入了"数字新手"群体，他们既不具备所需数字技能的一半，也不具备所需管理能力的一半。至少五分之一的经理都被归入"技术专家"一类，这个群体尽管认识到了数字趋势，但不具备对公司进行相应调整的能力。3.2% 的"数字幻想家"拥有必要的管理能力，但缺乏对技术发展的了解。年龄对调查结果有着显著影响，年轻决策者平均来看要比年长的同事得分高。在数字领导力方面，德国肯定还需要大力追赶。从国际比较看，其他国家现代化管理工具的使用频率也远高于德语区国家，在德语区大数据方法和认知计算的重要性要低得多，而传统的头脑风暴作为一种管理方法在德国仍然很流行。

● "德国 4.0"的相应**数字化范式**是：德国的管理者需要更多的数字能力！与外国同行的差距很明显。不自信的人做决定时也会犹豫不决，在速度至关重要的市场中，这往往是决定性错误。由于公司的数字战略只有从高层出发才能成功实施，对董事会成员进行培训是一项重要措施。

然而，不仅公司高层需要数字能力，所有部门都需要。因为在公司的所有部门里，经理们必须为数字化和物联网带来的改变做好准备。在数据驱动的数字产品的开发中，信息技术部门将与研发部门共同发挥关键作用。主要的变化是创新周期大为缩短，就像苹果公司定期通过软件升级来更新苹果手机一样，越来越多的产品未来将不断得到改进，生产部门必须跟上这个速度。同时，销售人员必须构建覆盖产品全寿命周期的数字基础设施，让云服务能够像前瞻性维护一样可行。人事部门的任务是为企业的数字化改造寻找或者培训合适的专家，因为对这类专家的需求远远大于供给，而且德国大学培养的数字专家数量不足。营销专家需要转变为大数据专家，必须利用与客户的许多数字联系渠道创制出能够打动他们的个性化的营销方式。同时，财务部门必须能够应对建立数字化商业模式所带来的高风险。

3.3

未来的数字化商业模式

这些技术发展和新商业模式对德国经济意味着什么？可以以无人驾驶汽车为例来预估这些变化的影响。因为新竞争对手正在进入市场，如特斯拉、苹果、谷歌的无人驾驶电动汽车以及优步公司的按需供车商业模式，无人驾驶汽车带来的挑战将不仅限于传统的汽车工业及其供应商。新竞争对手也会更好地利用现有车辆。汽车将不再在95%的时间里处于闲置状态，而是更多地处于使用当中，比如，先后安排家庭成员上班、购物或者去参加体育运动，这样就不用再去买第二辆甚至第三辆车。密歇根大学的研究人员已经计算出了美国的数据，私家车需求量最高将减少43%。[107]这对汽车制造商的影响非常大，至少在发达国家是这样。汽车工业经过了几十年的市场增长，受高入市门槛的保护，不必担心出现新的竞争对手，但是现在突然要与多个需要认真对待的新竞争对手在不断萎缩的市场上展开竞争。

然而，无人驾驶汽车带来的影响远远超出了汽车工业及其零部件供应商的范围。由于损坏减少导致保单减少，保险公司也将受到影响。如果无人驾驶汽车配备了电力驱动装置，石油公司也会失去其主要销售市场之一。铁路、公共汽车和出租车公司正在失去客户，汽车修理厂、拖车服务与驾校在很大程度上会变得多余，甚至市政收入也会下降，因为这些汽车不会产生停车费或者收到超速罚单。这些损失与国民经济节省下来的数十亿美元形成了鲜明的对比，根据伊恩·汤姆森为登记网站撰写的一篇报道，交通事故将减少大约90%，污染物排放、土地使用与噪音正在减少，而旅行者将可以节省大量的时间，他们可以在旅途中工作或者休息，也就是说，个性化出行的优点得到了保留，缺点在很大程度上没有了。[108] 换句话说，无人驾驶汽车太好了，必须要造。

数字化席卷各行业的次序

在许多行业都可以观察到这种变化。管理发展研究所（IMD）和网络设备制造商思科公司针对数字化席卷各行业的次序做了问卷调查，参与调查者为来自世界各地的941名高级管理人员。[109] 结果表明，其次序是媒体、娱乐、贸易、金融、电信、教育、旅游、消费品与工业、医疗卫生、能源供应商、石油与天然气，最后是制药行业。排在最前面的行业是产品已经基本实现了数字化（技术、媒体、金融）的行业，或者攻击者以大致相同（常常仍然是模拟的）产品为客户提供服务的行业，但是攻击者的服务比以前的供应商在速度、价格或者方便性上要高出很多，这一点在贸易、旅游和电信业表现得尤为明显。

在德国人看来，令人惊讶之处在于，调查预计旅游业的数字化会较晚一点，而数字化席卷金融业则会较早一些。实际情况却是，一方面，受缤客网等平台的推动，旅游业的转型已经全面展开；另一方面，尽管不计其数的金融科技初创企业在不断尝试，银行机构之外的数字银行业务迄今仍在苦苦挣扎，数字公司在银行业务方面雄心勃勃的尝试并未取得成功，最终被停掉，如德国电信推出的奥托支付（Ottos Yapital）和点击购（ClickandBuy）电子支付系统。只有少数金融类初创企业现在发展到了受银行重视的规模，如贝宝公司。

排在末尾的是数字化尚未取得进展的行业，其中包括医疗卫生行业、能源供应商、石油天然气行业和制药行业。能源公司大多依赖高入市门槛，而医疗卫生和制药行业由于监管水平较高而处于安全状态。在化工、采矿、石油天然气和建筑行业，基于现有的技术预计不会快速出现数字化效应。然而，这并不意味着技术进步不能随时创造出新的竞争对手。

防御性投资

数字化的第二阶段与第一阶段有着显著的相似性。在第一阶段，企业开始首先实施了报纸、书籍和音乐等信息商品的数字化或者为其实体产品建立了网上分销渠道。媒体增加了网站，后来又增加了应用程序，经销商建立了网上商店。然而，大多数时候这些投资本质上只是防御性的，用于保护传统业务，而不是占领新市场。到目前为止，投资结果令人失望，报纸通过数字化的分销渠道获得了更多的读者，却无法从中获得可观的额外收入；德国的零售商获得了更多的线上销售额，但是从电子商务增长中获得的收益低于平均水平，仍处于防御状态。在第一阶段，几乎没有一家老牌德国企业发起攻势，也几乎没有一家企业能够在数字世界中取得显著的竞争优势。

没有核心业务需要捍卫的攻击者占领新业务领域当然会更容易些。但数字化竞赛上半场给人的教训很明显，采用三心二意的战略对抗那些下定决心、资本雄厚的攻击者很少能够获得成功。汽车制造商对出租车应用市场的投入就是个很好的例子，美国通用汽车公司之前向优步公司的竞争对手 Lyft[1] 的扩张活动仅仅投资了 5 亿美元，通用汽车 2009 年也只是通过国家救助才活了下来，而通用汽车的德国竞争对手戴姆勒向优步公司的德国竞争对手 MyTaxi[2] 的投资只有美国人投资额的一小部分，MyTaxi 早已埋葬

---

[1] Lyft，美国第二大打车应用程序。
[2] MyTaxi，德国打车应用初创公司，总部位于汉堡。

了自己的全球野心。这个例子更加清楚地表明，德国缺乏冒险精神，这使得到目前为止德国还没有走出一家数字经济领域的全球性企业。

互联网的历史可能重演

在物联网领域，人们现在看到的也是类似的三心二意的战略。许多制造商使自己的产品智能化，但往往是自导自演，彼此不相往来。汽车有了线上功能，供暖装置可以通过智能手机控制，健身手环可以测量脉搏，这是人的物联网（HIoT）在住房、出行和保健领域应用的三个例子。美国又一次占了上风，而大多数消费者看不出这些很大程度上彼此互不相干的各个应用程序有什么显著好处。现在想作为集成商与整合商为客户提供附加好处的又一次是来自消费者互联网的主要平台提供者，尤其是谷歌、苹果和亚马逊，这些好处会鼓励客户购买物联网产品。（消费者互联网市场的）历史极有可能在物联网市场重演。

人的物联网这个市场还没有分布好，"工业物联网"，即工业的网络化，作为下一个而且可能甚至是最大的平台市场，已经宣告了自己的到来。迄今为止，"工业"一直是德国人的领地，特别是机器制造业。但是即使在工业领域，平台思想也已经蔓延开来。因为工业标准对机器互联起着重要作用，德国企业，尤其是博世、思爱普和西门子，已经启程参与国际竞争。此外，一些业界先驱正致力于通过构建开放平台来把高度分散的行业组织起来，比如杜伊斯堡的钢铁经销商克罗克内公司。

以下几节描述的是数字化对德国核心行业的影响，其中包括汽车和物流、工业（机器和装备制造、电气工业）、能源、金融，以及保健与医疗技术。然而，在大多数情况下，对核心行业有什么样的影响，对所有其他行业也就有什么样的影响。技术进步、数字经济的新游戏规则正在引导大多数企业建立新的商业模式，新模式要求企业必须对组织机构和创新速度进行调整。

3.3.1
无人驾驶汽车

特斯拉的创始人埃隆·马斯克愿意推动汽车行业的剩余部分向前发展。在这一背景下，在他的主要项目中共有四个项目可能会持久地改变汽车行业的结构：

- 将电动汽车的行驶里程增加到 1 000 千米：人们反对电动汽车的主要理由是，与传统汽车相比，电动汽车的行驶里程较短。2017 年特斯拉车将会做到充一次电可以行驶 1 000 千米。
- 到 2018 年实现完全自主驾驶：特斯拉汽车已经部分实现了无人驾驶；到 2018 年汽车将能够在没有人帮助的情况下完全自主行驶。特斯拉的优势是，新功能可以通过车载软件的更新自动连续安装。汽车研发周期长这个以前普遍存在的问题将会成为过去。
- 价值 3.5 万美元的大众化汽车：这样的价格将迅速推动电动汽车市场下沉。
- 建成超级工厂（Gigafactory）：在美国内华达州的一家超级工厂，规模效应将使电动汽车电池的生产成本降低 30%。

从汽车上牌统计数据可以看出，作为唯一的高端制造商，特斯拉 2015 年在美国售出了更多的特斯拉 S 型汽车，而所有其他电动汽车生产商，包括宝马、梅赛德斯、奥迪、保时捷以及捷豹，售出的同级别车加起来也没有特斯拉多。也就是说，变化已经开始。通用汽车董事会主席玛丽·巴拉表示："我相信，汽车行业未来十年中的变化将比过去五十年里更为剧烈。"[110]福特公司希望在接下来的几年中将对无人驾驶汽车技术的投资增加两倍，首席执行官马克·菲尔茨 2016 年初表示："我们正处在出行革命的边缘，我们打算成为汽车制造商和出行服务提供商。"[111]

在毕马威进行的 2016 年全球汽车业高管人员调查中，就"2025 年前什么是汽车市场的关键因素"这个问题采访了 161 位行业高管，他们的回答也表明他们正在改变战略。原优先关注事项的重要性 2015 年底以来已经大幅下降，比如新兴国家的市场增长、缩小内燃机的尺寸等事项，而对"联网运行与数字化"以及电动汽车的关注度正变得越来越高。[112] 如前所述，戴姆勒首席执行官迪特·蔡澈在访问硅谷后不得不承认，谷歌和苹果的汽车计划远远超出他的想象。

只要奥迪、宝马、戴姆勒、保时捷等德国顶级汽车制造商不提供无人驾驶电动汽车，汽车市场的新来者就可以利用颠覆性技术攻击高端市场。两者的不同之处不仅在于承担风险的意愿和软件能力，还在于商业战略，特斯拉已于 2014 年开放了其快速充电站的所有专利，旨在让尽可能多的公司进入市场，这样做不是因为利他主义，而是要与汽车行业的新来者一起建立更快、更广泛的电动汽车充电站系统，让电动车市场快速取得突破，成为大众化市场。马斯克之所以敢冒险迈出这一步，是因为他对在与汽车行业新来者的竞争中捍卫自己的领先地位充满信心。相比之下，德国远远落后于其政策目标，即到 2020 年上路行驶的电动汽车达到 100 万辆的目标。因此，2016 年初政府提议以每辆车 5 000 欧元的补贴标准鼓励大家购买电动汽车，这一想法立即受到了批评，批评者认为，这是让所有纳税人掏钱补贴总体上更为富有的电动汽车购买者。这个政治上备受争议的计划暗示，德国政府担心在这个代表着未来的行业德国也可能会落后。现在，政府与汽车行业代表一起推出了一项备受争议的补贴政策，即每购买一辆新电动汽车补贴 4 000 欧元。[113]

装在轮子上的电脑

不同的战略是影响竞争结果的重要方面。科技企业将汽车视为"四个轮子上的电脑"，需要一个操作系统，系统的拥有者可以访问客户并获得其数据。对于像谷歌这样的公司来说，优势在于可以为司机提供量身定制的服务，比如，显示并导航到免费停车位，或者提前绕开可能出现交通堵塞的路段。使用谷歌操作系统的汽车越多，数据状况就越好，产品也就越好。德国的奥迪、宝马和戴姆勒共同出资 28 亿欧元收购诺基亚地图服务（Here地图）表明，他们至少已经发现了风险。三家公司希望迅速获得更多的汽车制造商作为合作伙伴，从而以全球参与者身份与谷歌展开竞争。最迟从无人驾驶汽车开始，信息和通信系统作为汽车的卖点会变得更加重要，而发动机功率等特征的影响将不断下降。这意味着，占领与人联系的渠道这种美国人所具有的优势在竞争中越来越重要。

竞争力与数据保护

如何处理汽车行驶时产生的数据是决定性竞争因素。谁拥有行驶时产生的数据？司机，制造商，还是通信系统的设计者？许多参与方都想获得这些数据。以广告业为例，麦肯锡咨询公司计算得出，全世界所有驾驶人对媒体内容的关注每分钟都价值 50 亿欧元。

比如，制造商可以从数据中分析出驾驶员是否经常开快车，从而避免支付可能的保修服务；保险公司可以利用车辆数据筛选出风险客户；而政府机构则可以证明谁违反了道路交通法规，并在无人驾驶汽车终结这个收入来源之前，最后一次再按照规定收取一些费用。在数据保护问题上，政府正处在十字路口，一方面希望保护公民，另一方面过于严格的数据保护可能成为德国制造商的竞争劣势。如果没有来自这些汽车的数据，就不可能建立政府希望首先在德国看到的无人驾驶系统，也就无法让本国的汽车行业取得优势。

德国汽车行业游说集团有位著名的支持者，即德国总理默克尔。默克尔在 2016 年初警告称，如果德国只关注数据保护，汽车行业将会输掉这场围绕新的未来技术展开的竞争。[114] 她认为，目前发生的事情将会决定欧洲能否继续在汽车行业中共同发挥主导作用。要么是那些拥有所有车主或者租车人数据的人在竞争中获得成功，要么是德国汽车业不仅制造出了最好的汽车，而且开发出了最好的车载数字系统。默克尔认为："谁一心只想着数据保护，就将无法完成所谓的'数据挖掘'。"她认为，只有在德国工业"像加工传统材料一样擅长数据处理"的情况下，被数字化所消灭的旧工作岗位才有可能通过新岗位弥补回来。

出行即服务

在汽车数字化的同时，出行的概念也发生了变化。出行将不再取决于是否拥有汽车。更方便、更便宜地从甲地到乙地比拥有汽车更为重要。美国优步公司和Lyft已经准备成为客户出行的第一咨询处。像MyTaxi这样的德国公司似乎无法赢得这场关键之战的胜利，该公司的所有者戴姆勒希望通过相对较小的投资来确保传统汽车市场的安全，把优步公司逐出德国市场。优步公司的出行服务到底有多么可行在用户中还没有传开来，但是使用优步服务的人越多，其成功的可能性就越大。戴姆勒公司操纵着欧洲地方当局的风险战略，到目前为止这种风险战略经常失败，大学生网事件就是一例，很有可能戴姆勒同样也无法保护国内市场免受全球性攻击者的影响，尤其是到目前为止还没有一家德国汽车制造商给人留下这样的印象，即自己确实在认真推行出行服务模式。

> ● "德国4.0"的相应**数字化范式**是：汽车行业要做的不仅仅是开发无人驾驶汽车。对许多人来说，能坐车出行变得越来越重要，拥有自己汽车的重要性在下降，出行服务提供商的市场变得越来越重要。结果是，优步公司现在的估值高于宝马公司！

德国已经开始为未来汽车展开竞争，但是对开发未来的出行方案投入却不够大胆。虽然在全球市场上参与优步、Lyft与中国出行市场领先者滴滴公司之间的关键之战为时已晚，但是在这一领域亟须在德国和欧洲市场投入更大的精力。我们可以看到，千禧一代认为，与快速获取出行服务相比，拥有汽车已经越来越不重要了。面对这种发展趋势，仍然专注于智能产品的生产，而三心二意地推进出行平台的建设，这么做是在犯错误，尤其是在汽车、物流行业接下来肯定会遭遇猛烈的数字颠覆的情况下。

无人驾驶汽车虽然是预防颠覆的最重要的技术开发，但肯定不是这方面唯一的技术开发。比如，亚马逊正在测试用无人机派送产品，现在第一批无人驾驶飞机甚至可以运送人。根据 Tech Crunch[①] 的一份报告，亚马逊也进入了航空货运（利用飞机，很快也将利用无人机）和集装箱船运市场。[115]亚马逊不仅承担起了自己商品的发送和运输业务，而且还承担了亚马逊商城上经销商所销售的商品的陆上运输服务，亚马逊很快也会进入船运及航空运输领域，其效率至少比传统的陆上运输体系要高。亚马逊这个网上零售商实际上早已不仅仅是一家零售商，可能也会彻底改变价值高达数十亿美元的物流市场。

3.3.2
数据驱动工业（物联网）

未来已经开始。至少在中国的东莞市是这样，位于东莞的长盈精密技术有限公司已经建立了一家（几乎）完全自动化的工厂，生产和物流几乎完全掌握在机器人手中。这家生产手机零件的工厂现在只需要 60 人，而不是以前的 650 人，而这还只是在开始阶段，以后 20 人就足以管理整个工厂。人所要做的就是控制和监控机器人的工作，只有在紧急情况下才需要进行干预。结果表明，该工厂将会有很多模仿者——人的劳动生产率提高了 162%，废品率下降了 80%。东莞的这家工厂仅是中国努力借助现代技术

---

① Tech Crunch，美国科技类博客，主要关注互联网及其创新领域，被视为美国互联网产业的风向标。

长期保持其世界工厂地位的一个例子。

当然，德国工业早已发现了这一趋势。贵士（Quest）技术营销对德国机器制造业进行民意调查后得出：从现在起到2018年，德国机器制造业使用的机器人的数量平均将增加13%。[116] 机器制造商中的机器人使用者希望把机器产量每年提高6.5%，而所有机器制造商的平均年增长率预计仅为3.8%。机器人的劳动生产率优势可能很快就会诱使迟到者投资购买机器人。

肩并肩：物联网与5G网络

然而，由机器人以及3D打印机开启的进一步自动化只是工业领域数字化的一个方面。物联网的网络化程度不断提高，如何处理由此产生的数据与以前首次以数字方式访问客户有着同样的重要性。产品和商业模式也在发生变化——为复杂的科技产品附加终身服务，对产品进行远程维护，从而让其使用者在世界各地都可以得到终身服务。劳斯莱斯公司自己检查飞机发动机的数据，并及时通知航空公司更换问题零件。西门子不仅制造快速列车，而且可以通过大数据分析在故障发生前确保零件及时得到更换，但是只在本国以外这样做，在德国这项任务由铁路公司自己承担。这些都是附加服务的例子，附加服务不仅会为制造商带来额外的收入，而且会成为重要的竞争因素。除了汽车行业，机器制造和装备制造行业、电气行业、医疗科技以及能源科技行业的企业也是德国经济的支柱，这些行业虽然并不处于数字化的潮头上，但是行业的创新型企业已经走在奔向数字时代的道路上。

作为物联网重要的技术基础设施，第五代移动通信5G目前正处于研发阶段，可能在2020年左右成为现实。而目前的4G（LTE）只是3G（UMTS）技术的进一步发展，还处在同一个生态系统中。5G将在所有方面实现性能的突破，优点不仅仅是传输容量得到显著提高，至少为每秒100兆比特，而且还减少了机器或者汽车相互之间通信所需的反应时间以及能耗。由于5G被视为实现物联网上万物互联的技术基础设施，欧洲、美国和亚洲的移动通信供应商之间在该领域也正展开竞赛。对企业而言，落后几年可能会成为难以追回的竞争劣势，比如在使用网联汽车方面。

● "德国 4.0"的相应**数字化范式**是：良好的网络基础设施是数字化转型获得成功的必要前提。在光纤网络建设方面，德国远远落后于竞争对手。在 5G 移动通信方面，我们不能再次成为倒霉蛋。

3.3.3
数据优化能源（智能家居）

对于能源供应商来说，数字化的机会主要是建设智能电网（Smart Grid），智能电网可以交换消费数据，从而大幅度提高能源的使用效率。由于以可再生能源为基础向分散式能源供应的转型在继续推进，数字化的控制系统可以使不稳定的能源生产与能源需求更加匹配。然而，电网的数字化仅是优化能源供应的一个重要方面。智能家居是能源行业数字化的另一个方面。带有智能加热控制装置的网联房屋，只有当住户靠近时才会为房屋供暖，这样可以节省多达三分之一的供暖费用。网联房屋的其他功能还包括对灯光、室外设施、安全或者监控设备（比如监控老年人）的控制。德国的网联房屋并没有取得多大进展。尽管"能源转型数字化"法规要求从 2017 年起首先在大型消费者中使用智能电表，但实际上该项目进展缓慢。虽然收集并评估了家庭能源使用数据，但是还没有合适的收费政策，也就是说，购买智能电表增加了家庭的投资成本，但是目前还没有以降低电费的形式让家庭受益，更换早已过时的老旧电表这件事发生了不必要的拖延。

在智能家居领域同样是平台获胜

在智能家居的竞争中，由于与客户的联系再次起着重要作用，可以看到与以前同样的竞争方式——科技企业试图插在传统供应商与终端用户之间。谷歌已经初步领先，在 2015 年 5 月的研发者大会上，谷歌展示了自己的产品操作系统，即布里洛（Brillo）系统。与智能手机领域的安卓类似，布里洛将成为互相联网的物联网产品的核心。谷歌此前以约 40 亿美元的价格收购了硬件制造商奈斯特（Nest）公司、摄像头制造商 Dropcam[①] 和智能家庭专家 Revolv。这些投资是谷歌为打造智能家居主要平台而进行的豪赌之一。

然而这项技术还处于初级阶段。奈斯特可以生产具有自动学习功能的恒温器以及烟雾探测器，其推出的"奈斯特摄像"（Nest cam）品牌家用监控摄像头现在也已经上市。虽然行动还不是很果断，但是已经可以看出把设备互联的初步尝试，比如，一旦烟雾探测器监测到火情，就会自动关闭供暖设备。如果观察到可疑情况，"奈斯特摄像"设备就会给房子的主人发送警告，如果室内某个地方的温度过高或者过低，恒温器也会发出提醒。网络化的优势还没有大到足以获得大众市场的信任，但是方向显然是正确的，通过"用奈斯特工作"（"Works with Nest"）计划，谷歌公司现在已经提供了非常好的编程接口（API），其他制造商可以连接到奈斯特上，从而扩展生态系统。"我们不是要把'用奈斯特工作'变成一项业务，而是要搭建一个平台，让其他公司能够在平台上建立自己的业务，我们向更丰富的生态系统出售更多的奈斯特产品。"奈斯特的联合创始人马特·罗杰斯在接受《福布斯》杂志采访时解释了这一战略，该战略的运行方式类似于谷歌的安卓操作系统。[117] 可见又有一家科技公司尝试通过平台战略占领市场。

顺便说一句，苹果公司的做法与此相似，其 Homekit 平台[②] 将智能家居的所有应用程序捆绑进苹果界面。亚马逊的做法如出一辙，用的是自己的 Echo 硬件和 Alexa 语音识别软件[③]。三星也在尝试，并为此收购了

---

① Dropcam，云端摄像头品牌，主要产品是无线网络视频监控摄像头。
② Homekit，苹果 2014 年发布的智能家居平台，2015 年发布首批智能家居产品。
③ Echo 为亚马逊推出的一款智能音箱，融合了智能语音交互技术，Alexa 即为其配套的语音助手。

Revolv 的竞争对手 Smart-Things[1]，甚至脸书也已经伸出了触角。德国企业也已经从过去的错误中吸取了教训，并以平台战略作为回应。德国电信成立的 Qivicon 公司以及 iHaus 初创公司也试图与尽可能多的同行合作向客户提供优质产品。然而，这一市场的发展速度仍然很缓慢，因为消费者还没有看到智能家居应用程序的显著优势，因而不愿意撑起初始投资。

3.3.4

数据控制金融（金融科技）

银行业和保险业迄今为止经历的主要是销售的数字化。网上经纪人、直销银行和比较门户网站使传统的窗口服务逐渐变得多余，银行分支机构的数量不断减少就说明了这一点。但是这一变化仍然是第一轮数字化浪潮的一部分，并已使诸如 24 小时查看网和互联网借贷（Interhyp）等成功的数字公司变成了中间商，但这种变化尚未动摇银行业和保险业的根基。数字化"仅仅"使银行与保险服务的销售部分数字化了，但是银行与保险服务并没有发生根本性的改变。这种情况现在可能会发生变化。区块链被认为正是颠覆银行业务的技术之一。区块链通过加密方法创建了不可事后修改的分散式数据库，起着对电子交易进行防伪验证的作用。中间人可能会变得多余，如管理、认证机构，包括银行、证券交易所。然而，这已经提醒世界各地的银行从银行业的角度去研究区块链技术，免得到时候措手不及。现在，第一批公司，如瑞波（Ripple）公司，正在以区块链技术为基础办理跨境电子金融交易业务，所需时间和成本分别只是传统银行的一小部

---

[1] Smart-Things，成立于 2012 年的智能家居公司。

分。速度快、成本低满足了在市场上获得成功的所有标准，英国初创公司慧转账（Transferwise）已经给大家演示了如何进行海外转账业务。

机器人顾问

数字行业一方面侧重于以更低的费用提供盈利率高的资金交易，在人工智能的帮助下，客户咨询也可以在很大程度上实现自动化，所谓的机器人顾问可以了解客户的投资需求，并选出合适的金融产品。尽管第一批软件通常只提供现有产品的情况对比，而不是真正的咨询，但是在本来就完全数字化的金融领域，距离由机器人做出真正的投资决策已经并不遥远。许多银行顾问可能会因此失业，这种情况也将发生在保险公司的管理部门。麦肯锡咨询公司估计，到2025年，西欧保险业将减少四分之一的工作岗位。[118]因为比起保险业务员，计算机能够以更低的费用更好地分辨出哪种做法更好，例如，在发生索赔时，保险公司是必须支付，还是先派一名员工去现场查看一下为好。

金融科技行业现在有许多值得重视的初创公司，老牌企业对此应该予以密切关注，比如，中国平安陆金所、Square、Zillow、Lending Club、Stripe、Klarna、Commonbond、Credit Karma、Oscar Health、Prosper、Dataminr等金融服务提供商 ① 已经准备要至少夺取部分金融业务。银行业务还没有发生根本性转变，但是这并不意味着长期看来银行可以高枕无忧。事实上，德国的银行花了十年的时间才推出直接付（Paydirekt）这项服务，

---

① Square，美国移动支付公司。
Zillow，美国房地产免费估价网站。
Lending Club，美国最大的网络借贷平台。
Stripe，美国在线支付服务商。
Klarna，瑞典支付创新企业。
Commonbond，美国P2P助学借贷平台。
Credit Karma，美国信用卡管理平台。
Oscar Health，美国保险科技创业公司。
Prosper，美国P2P在线借贷平台。
Dataminr，美国网络信息收集分析公司。

来与美国支付服务提供商贝宝公司（同样由埃隆·马斯克发起）进行竞争。
"太晚，太不坚决"是常见的德国反应模式的特点。现在直接付公司别无选
择，只能寄希望于以数据保护作为竞争优势。到目前为止，在消费者市场
上还没有企业以数据保护作为竞争优势而获得成功的先例。

> ● "德国4.0"的相应**数字化范式**是：在银行业务的各个角落，金
> 融科技企业主要攻击的是金融机构盈利率高的业务。到目前为
> 止，等待战略（以及以此捍卫核心业务）很有效。但是银行业
> 务的利润率太高，长远来看无法持久存在，所以银行业更为可
> 行的做法是自我蚕食，而不是在与金融科技公司的竞争中或早
> 或晚败下阵来。

3.3.5

数据辅助保健（电子保健）

　　电子保健是对医疗保健中使用的数字技术的总称，涵盖所有使用信息
技术与通信技术的辅助手段和服务项目，也包括为卫生保健领域的预防、
诊断、治疗、监测及管理提供服务的所有辅助工具及服务项目。没有哪个
行业拥有比医疗卫生行业更大的数字化优势，但是这种优势很大程度上仍
然没有完全挖掘出来。尤其是在德国，数据保护的高要求和医生们的内部
抵制推迟了医疗卫生行业的数字化。本该在2006年1月启用的电子医疗卡
甚至在过去了十年之后也只包含病人的个人数据，没有实现原本很重要的
健康数据交换功能。如今X光片仍然是以硬纸筒形式交给病人，最多也只

是刻在光盘上而已。远程医疗在澳大利亚的偏僻地区比在德国更为普及。电子保健领域的初创企业抱怨竞争条件不公平，更愿意在国外重新开始创业，而不是在德国忍受没完没了的等待。

可穿戴设备：心脏病发作前发出警报

在上述情况下很难对医疗卫生行业的数字化路径做出时间上的预测。尽管如此，数字化在提高医疗服务质量和降低医疗成本方面有着巨大的潜力。以下是一些在其他国家已经部分实现的可能性。首先是使患者生活更加方便的产品，健身手环和智能手表等可穿戴设备非常受欢迎，市场需求越来越大。原则上讲，现在人们可以把可穿戴设备纳入慢性病以及危重疾病的预防和次级预防体系，比如，通过自己检查血压或者定期测量心率预防疾病。作为对必要药品的补充，制药公司还可以通过可穿戴设备提供适当的工具和应用程序。当某些数值处于危险区间时，这些工具可以让患者迅速采取行动，还可以确保医生进行实时监控，一旦出现警报，医生也有机会立即进行干预。保健预防措施不再局限于每三个月或者每半年进行一次的体检。

医生们的新把关人：现在大多数病人去就诊之前都会上网了解情况。首选咨询处是谷歌搜索，谷歌的合作者是美国的梅奥诊所，搜索匹配项时谷歌会显示标签为"与医生交谈"的按钮，点击按钮会自动创建与医生的视频聊天。这样一来，患者不仅能获得更有针对性的信息，而且能选择合适的医生。许多科技公司正试图进入保健市场，飞利浦公司于2016年初推出了"保健套件"，用户可以通过该套件从不同的测量设备上收集数据，得出关于其健康状况的结论。苹果也通过"保健"应用程序推出了类似计划。这些应用程序作为范例再次表明，科技公司可以通过巧妙的数据组合来为用户创造附加值，以平台形式插入一个之前没有集成商的市场。这些平台有成为医疗市场重要参与者的潜力，比如，在面对医疗难题时对选择哪个医生进行干预。

医学界也很感兴趣的是，借助已经采集到并可通过按钮支配的数据量获得类似病例的测量与比较值，并以该结果为基础制订治疗方案，将来这样诊疗起来会快得多。医生的职业受到了"颠覆"，因为计算机可以通过将数据与类似病例进行比较做出诊断，人工智能至少部分取代了人的经验，这让医生有更多的时间来处理复杂病例。大数据也会在药品研究中发挥更大的作用，这将为想要进入制药行业的新企业进入迄今为止一直受到高准入条件保护的制药行业打开大门。

- "德国4.0"的相应**数字化范式**应该是：比起其他行业，在医疗保健的数字化上，机会与已经取得的成绩之间的差距最大。消费者渴望从这些数字医疗服务中获得具体的好处。与此同时，人们从自身的健康考虑有足够的动力去开发有意义的应用程序。

4
工作 4.0

　　2016 年 3 月，如同之前国际象棋领域的"深蓝"和《危险游戏》节目中的"沃森"一样，谷歌旗下深度思考科技公司的计算机以 4∶1 击败了世界最佳围棋选手李世石，但是这不仅仅是机器又一次击败人获得胜利那么简单，因为围棋是世界上最复杂的游戏，其棋局可能比宇宙中的原子还要多，深度思考公司的计算机在围棋比赛中获胜被认为是机器优越性的决定性证明。即使是谨慎的人工智能研究人员如今也确信，计算机现在也可以代替人来完成复杂任务，而且这一变化来得要比原来的预计快得多，因此计算机也可能会比之前想象的更快一些出现在认知性工作岗位上。

　　也就是说，技术进步将从根本上改变经济和劳动力市场。然而，与许多政客的星期日演说① 不同，比起之前的预测，人们现在需要花更多的精力来适应新情况。现代化的机器人和软件未来不仅能处理工厂的许多日常工作，也能处理办公室的日常工作。计算机采集和处理数据的能力比人要强很多，有了这个能力，计算机现在常常也可以做出决策。弗劳恩霍夫协会研究员托马斯·鲍尔恩汉斯尔认为，在所有的"白领"（即管理部门穿白衬衫的员工）中，有 50% 的人长期看来必须寻找其他工作。[95] 这可能意味着，找工作失败的几率会增加，但也意味着有更多的可支配时间用于创新。无论如

---

① 意指无甚深意的演说。

何，对就业灵活性以及接受继续教育的要求将比以往任何时候都要高。

　　劳动者们原则上有两种准备的可能性：一方面，尽早获得所要求的技能，最好是在上大学期间；另一方面，参加工作后也有很多针对数字经济领域的继续教育课程，而且会越来越多。如果雇主自己不提供这种继续教育，雇员应该要求得到这样的安排。在有些公司，参加继续教育现在已经是所有员工的必修课。以前也要求大家终身学习，但是那时这常常被视为套话，而现在终身学习这个要求比以往任何时候都要更加重要，更加正确。如果技术进步加速，劳动者必须要能跟上这一步伐。谁要是放松懈怠，允许自己不继续学习，就会面临停滞不前的危险，除非他正好从事理疗或者儿童教育等工作，因为在可预见的将来，即使是在已经完成数字化的世界里，这类职业技能也几乎不可能实现自动化。

4.1

未来的数字工作

　　然而，自动化及其对生产率的深远影响只是劳动力市场变化的一个方面。对劳动者技能水平的要求也在提高。传媒企业现在正在裁减编辑岗位，转而寻找更多的软件开发人员，其他企业也是一样，企业对人力资源的需求将转向数据专家、软件开发人员和物联网专家，对企业的所有部门来说都是一样，数字化早已不再局限于市场营销、研发和生产部门。如果没有扎实的数字经济知识，人事部门和财务部门都将无法应对未来的工作。

电脑游戏不能取代数字教育

　　具有数字能力的人才的需求量比供给量增长得更快；随着数字化转型

的快速发展，这一明显差距还将继续加大。对最优秀的人才的竞争不是国家内部竞争，而是国际竞争，因为数字专家在世界各地都受到追捧，比如像谷歌或者脸书这样的互联网大公司正在从德国各大学挖走德国最好的人工智能科学家，安排他们在伦敦或者巴黎的实验室工作。

数字技术因此取消了许多工作岗位，但是也创造了数字化之前根本没有或者数量上没有这么多的新工作岗位。电子游戏培训师是谈及劳动力市场变化时经常举的例子。"仔细看看每个岗位就可以发现，几乎所有岗位都会实现自动化并被消灭，这看起来只是个时间问题，事情的发展也确实如此。然而就业率却在上升，因为新产业正在形成。美国65%的工作岗位是信息工作岗位，而二十五年前还根本没有这些工作岗位，我们在不断地创造并发明新的工作岗位。"人工智能先驱之一雷·库兹韦尔这样充满希望地表示[119]，他与同行中的许多人一样现在就职于谷歌公司。

> ● "德国4.0"的相应**数字化范式**是：如果数字化将来还像现在这样在很大程度上与学校擦肩而过，而相信"数字原住民"（即在互联网时代出生并长大的年轻人）在青少年时期在一定程度上是通过玩游戏获得了所需的知识是很幼稚的。电脑游戏取代不了数字教育。

4.2

机器人的数字工作岗位

科学家卡尔·本尼迪克特·弗雷和迈克尔·奥斯本通过机器人专家软件编制了一份清单，列出了未来二十年机器极有可能完成的工作。[120]其中包括物流业的部门经理、银行信贷分析师、司机、出纳、会计、经纪人、呼叫中心员工和公交车司机。即使是图书管理员、交通警察和飞行员这些工作，很快被机器取代的可能性也超过了50%。

这并不一定意味着工作岗位在减少，而是提醒我们要继续创造工作岗位。然而，最大的问题是员工是否能够完成这种转变。"许多工人会无法跟上数字化的速度，会被甩在后面。这是个严重的问题，需要我们研究解决。"麻省理工学院（管理、信息、技术）研究员安德鲁·麦克阿菲这样说。[121]事实上，即使调整阶段并不总是很顺利，但是过去的每次工业革命总是会带来更多的就业岗位。到目前为止，原则一直是，提高劳动生产率可能带来经济增长，从而创造新的就业岗位，因此技术进步降低失业率也被称为资本化效应。然而，新技术也会使工作岗位进一步重新分布，这意味着许多工作岗位正在消失，许多工人必须找新工作，因此找工作失败的几率也在上升，这种效应被称为创造性破坏。这两种效应的作用相反，两者相抵后形成的净效应决定了失业率是上升还是下降。

根据弗雷、奥斯本的观点，资本化效应过去一直处于主导地位，因为技术进步的发展速度相对缓慢，如采用蒸汽机，或者工厂的自动化。但是这一点可能会发生变化，技术变革不仅仅发生在一个领域，而是几乎同时发生在所有经济部门。人工智能、机器人、无人驾驶汽车、无人机、3D打印、传感器以及大数据等变化即将席卷工厂、企业的管理部门以及运输行业，机器现在了侵入了以前封闭的领域。并且，技术进步不是均速向前发展，而是在加快向前发展，因为好几个领域的技术进步会彼此推动。

因此首次出现了这样的情况：不仅手工劳动被取代（如仓库工人被无人驾驶物流机器人取代），而且认知性工作也被取代。在此之前，在技术进步的任何阶段都没有见过资本取代工人达到了这种广度，这增加了出现负的净效应的风险，也即失业率上升。由于接受正规教育的程度不同，不同人群面临的技术性失业风险有着很大差异，只接受过基础教育的人遭遇技术性失业的概率为80%，有博士学位的人遭遇技术性失业的概率仅为18%。收入水平与技术性失业之间的相关性也大致相同，收入最低的10%的雇员遭遇技术性失业的概率高达 61%，而收入最高的雇员遭遇技术性失业的概率仅为 20%。

然而，在对技术持怀疑态度的德国，效应发生的次序决定着人们对技术性失业的接受程度。在新产品的开发创造出新的就业机会之前，至少在过渡阶段，失业率预计将会上升，这是因为提高效率是当前比较容易实现的目标，企业会首先着手提高效率。然而，那些因为成功实施了"工业4.0"而在管理或者生产方面效率更高的企业，在市场上却不一定就更加成功。因此，如果企业不能研发出新产品，进而带来增长，数字化的最后结果就是出现负的就业效应；如果数字化没有创造出收益，就会增加采取合理化措施的压力，在这种情况下，负就业效应还会加速发展，出版社现在面临的就是这种情况。

> ● "德国 4.0"的相应**数字化范式**是：为提高效率而提出的"工业4.0"计划的第一步并不是为了创造新的就业机会。只有以开发新数字产品为目的的第二步才能带来必要的增长，从而带来新的就业机会。然而，在这种情况下，没有理由先走出第一步，再迈出第二步。相反，如果没有新的数字产品，提高效率几乎就没有用。所以开发新的数字产品应该从今天开始，而不是明天。

高级数字管理人员对此非常清楚："只要数字化能够带来增长，就不必裁掉任何工作岗位。如果企业不能实现增长，我们能够而且必须以更少的工作岗位来实现销售总额。单个企业的发展是这样，整个国民经济的发展也是这样，只有当其他行业，如汽车行业，也在增长时，钢铁行业才能增长。"杜伊斯堡钢铁经销商克罗克内公司的首席执行官鲁尔这样解释道。[122] 尽管数字经济已经在德国创造了 24 万个就业岗位，也是拉动就业的引擎之一，但是为了增加国际竞争力，互联网经济一直在努力提高效率，然而其创造的就业岗位每年只增长 8%，远低于销售额的增长速度。预计再过四年，数字经济的就业人数将从大约 25 万增加到 33.2 万。此外，数字经济领域的许多工作岗位已经摧毁了其他部门的工作岗位，亚马逊公司新创造的就业岗位与实体书店或者百货公司裁撤的工作岗位大致相当。德国劳动力市场与职业研究所（IAB）估计，到2025年，工厂的数字化将使加工业提供的工作岗位减少约6万个。[123]

不实施数字化会失去更多的工作岗位

然而，这些行业失去工作岗位不应成为放弃数字化的理由。劳动经济学家发出警告，没有实施数字化的行业会失去竞争力，并且长期来看会失去更多的工作岗位。这是已经过去的时代给我们的重要教训，那时自动化起初一直被视为工作杀手，如果没有这种工作杀手，从长远来看就会失去竞争力，从而失去更多的工作岗位，这样看来数字化是必由之路。"有些人认为德国是领先者，有可以利用的海外额外需求，有自己的竞争优势，这些看法虽说对德国有着积极作用，但是针对的却是德国的经济区位。这样看问题的结果就是生产下降，失业人数因此增加。生产下降以及失业率继续上升都是失去竞争力以及国内需求转向进口产品的结果。因此我们的任务只能是把过渡阶段打造得尽可能地可持续一些。"这是德国劳动力市场与职业研究所的研究人员得出的结论。他们认为，即使模型计算中设定的投资与生产率效应会下降得更多一些，新老就业关系之间的转换也会因此而更加剧烈一些，也必须坚持实施数字化。[124]

但是为了及时做出反应，必须考虑到对劳动力市场造成的影响。政府和企业的核心任务之一就是推进教育与继续教育工作，必须让就业者通过接受教育和继续教育获得数字能力。就业者目前可以通过参加继续教育增加就业机会。现在网上贸易商亚马逊的各个物流中心所使用的运输机器人已经多达3万台。苹果手机在中国的代工厂富士康迈出的第一步是用工业机器人取代30%的员工。很快保险公司就可以让智能软件来处理原来由成千上万的办事员完成的日常工作。无人驾驶汽车几年前还被认为是遥远的乌托邦，现在已经行驶在道路上，让出租车司机变成了多余的人。但是与以前的自动化流程不同的是，数字化替代的不仅仅是手工劳动，所有从事熟练性日常工作的人都要预计到，自己可能会被机器人或者智能软件取代。位于曼海姆的欧洲经济研究所已经计算得出，按照目前的技术发展水平，德国约有500万个工作岗位可能会实现自动化。[119]

数字化正在猛烈冲击办公室工作岗位

最令人惊讶的变化预计将出现在办公室，而不是在工厂的车间中。德国61%的全职工作岗位都配备了电脑，但是如果你只是在电脑上简单处理一些数据，可能迟早会被计算机取代。麻省理工学院研究员安德鲁·麦克阿菲认为："受威胁最大的是当前从事熟练性日常工作的知识工作者，比如会计师。"[121]他预言："投资顾问的大多数工作（即使不是全部）都可以而且应该由计算机来完成，因为计算机比人更擅长从事这项工作，机器替代人将会大幅提升人类智商的衡量标准。"

因为计算机替代人之后就可以学习新东西并识别以前只有人脑才可以处理的内容。这是科技发展的结果，经过几十年的艰苦研究，"机器学习"终于获得成功，计算机会记下各种应用场景，并发现各场景的规律，有了这些知识，计算机以后也可以在无人帮助的情况下应对新情况。也就是说，计算机就像个好学徒，会记下工作步骤和方法，并且能够在无人帮助的情况下执行这些步骤和方法。

自动化也将对其他行业的就业岗位产生重大影响，乘客在机场可以在自助设备上打印网上订的机票，在没有人工服务的值机柜台办理行李托运手续，然后自助扫描护照，最后登上大多数时间里由无人驾驶仪控制的飞机。麦肯锡咨询公司计算得出，如果只投入现在已经可供使用的技术，45%的职业活动可以实现自动化。[125]根据这项研究，如果近年来取得快速进展的语音识别和处理技术更加先进一些，另外13%的职业活动也会实现自动化。这并不意味着这些工作岗位就会消失。在当今技术水平下，上述工作岗位中只有不到5%的岗位会完全实现自动化，60%的岗位可以由计算机或者机器人来完成其岗位工作总量的三分之一。

医生及律师的工作也会数字化

但是不仅仅是那些技能低因而收入也低的人必须改变自己的工作岗位。首席执行官们也将 20% 的工作时间浪费在日常事务上。财务经理、律师和医生的工作中也有很大一部分可以实现自动化。比如，美国叙述科技（Narrative Science）公司的软件可以在几秒钟内将原始数据转换为报告甚至是 PPT，而金融分析师完成同样的工作需要数天时间。将来计算机分析基于测量值的标准疾病要比医生快得多，医生可以有更多时间处理特殊病例。不久之后，人工神经网络识别图片中癌细胞的准确度会比医生更高，速度也会更快。那么是不是很快就不需要那么多医生了呢？"不会出现上述情况，相反，更多的人可以享受到高质量的治疗，其中有许多人生活在现今仍然没有健全的医疗保健服务的地区。事情将会朝着这个方向变化。"于尔根·施密特胡贝尔如此预计[126]，他是德国当前最好的人工智能研究人员之一。

法兰克福阿拉高（Arago）公司的人工智能软件让信息技术管理员摆脱了 90% 的令人厌烦的维护工作，让他们有时间去开发新产品。律师现在也可以把自己的一部分工作交给机器来做，比如找出类似的案件。

● "德国 4.0"的相应**数字化范式**是：数字化正在冲击所有工作岗位。在雇主对企业进行数字化改造之前，员工自己要提前为此做好准备，这是个有效的对策。终身学习还从未像现在这样既很需要又很重要！就业者更应该从今天而不是明天开始终身学习。可以选择从算法、统计或者编程语言开始。

除了教育领域的变化外，越来越多的劳动力被资本替代也会对社会保障体系产生影响。机器人或者其所有者将来是否必须支付养老保险和失业保险？如果制造和研发机器人的高薪专家与多出来的低学历劳动力之间的差距远远超过今天的情况，会发生什么？还需要很长时间才能为这些问题找到答案。然而，为了缓解技术性失业造成的后果，越来越频繁地呼吁政府提供无条件基本收入的企业反而首先是来自硅谷的企业。

4.3
新工作岗位上的数字技术

虽然研究人员已经可以相当正确地计算出受到威胁的工作岗位有多少，但是由于科技发展的速度很快，只能粗略估计新出现岗位的数量。新岗位主要是为那些会使用智能机器的人创造的，他们或者可以为机器人编程、操作机器人，或者能够解释机器人得出的结果。"如果你有 1 万名优秀的数据分析师，我就可以为他们创造 1 万个工作岗位。这样的人我们可能不需要 20 亿，但不能低估劳动力市场的变化，总会有新的、有趣的挑战，而这些挑战总是会更快地被其他挑战所取代。"这是德国研究人员塞巴斯蒂安·特鲁恩的预测，谷歌无人驾驶汽车就是他设计的。[119] 现在市场需要的主要是数据分析师和软件开发人员。不久前人们还很难想象还会有游戏培训师这样的职业。机器人研发人员可能是世界上最保险的工作，也是收入最高的工作之一。"一个人未来的工资取决于他与机器人的合作能力。"这是美国未来学家凯文·凯利的预测。[119]

德国劳动力市场与职业研究所研究了加工业和农业领域的数字化造成的影响。[123] 具体而言，这些领域的数字化将创造 43 万个新工作岗位，主要是信息技术、自然科学、管理咨询、教学和设计方面的，而取消的工作岗位为 49 万个，主要出现在控制机器与设备的各种职业、冶金与装备制造业以及所有维修职业。但是，新创造的就业岗位的质量远远高于被取消的工作岗位的质量，因此工资总额整体上会增加。

创造力击败数字自动化

在弗雷、奥斯本列出的安全工作岗位清单上，除了作家外，主要是创意职业、社会服务职业以及科学家。[120] 具有突出的感觉运动能力的人，如理疗师、牙医，其工作岗位很安全。与教师、研究人员以及社会类职业一样，科学家的工作岗位也会变得越来越重要，因为这类职业实现自动化的潜力不是很大。

为了突出员工与计算机的不同，企业应该系统地提升员工的创造力和创新能力。到目前为止，德国还不是适合激进创新者生活的国家。企业员工必须想到数字世界中市场可能发生的巨大变化，其中也包括工匠，他们之前可能想象不到澳大利亚制造的建筑机器人哈德良现在所做的工作。对于这样的创新，在工厂工作的人有着更多的体验，机器人在工厂的使用已经获得了长足的发展，且并未停步。弗劳恩霍夫协会专家鲍尔恩汉斯尔指出，"对于工厂的蓝领工人而言，正常的合理化进程仍将继续，在工人数量相同的情况下，每年产出增加 5%，或者在产出相同的情况下，员工每年减少 5%，但是预计不会出现大幅度的跳跃"。[119] 他认为，公司面对的全球竞争越是剧烈，合理化的压力反过来也就越大。

与过去一样，德国是持续大力推广使用工业机器人的国家之一。波士顿咨询公司估计，机器人将使提高劳动生产率带来的盈利大幅提升，可达 10% 至 30%。[127] 由于劳动力成本高，德国将成为机器人入侵工厂的最大受益者之一。考虑到预期的自动化速度和劳动力成本的变化，机器人将显著提高德国的竞争力。长远来看，人无论如何都无法赢得与机器人的比赛，库兹韦尔也是这个看法，他现在是谷歌公司的人工智能专家，脑袋里甚至已经有了机器战胜人的确切时间。库兹韦尔估计，"到 2045 年机器人将比人更聪明"。[128] 由于计算机在围棋比赛中战胜了人，这个命题比以往任何时候都更加切合实际。

● "德国 4.0"的相应**数字化范式**应该是："铁饭碗"已经不复存在。深刻认识计算机或者机器人在可预见的将来不可能会做的事情，是个良好的开端，比如，编程、自我提高或者解释数据结果。总是比电脑聪明那么一点点，也是个很好的战略。

5

政治 4.0

　　先说一下最重要的发现，德国政界目前尚未认识到数字化问题对于德国真正进入 21 世纪所具有的重要意义。德国无论是在联邦还是在州一级，都没有最高级别的重要决策组织机构，也没有实实在在地推动数字化的"数字人才"。像以往一样，德国政界认识到数字技术重要意义的"数字人才"少之又少。造成这种情况的主要原因有三个：

- 关键词"新大陆"：政府高层的政治决策者是"数字移民"，他们要么不了解数字结构的根本关联及其对企业与社会的影响，要么出于短期考虑而采取了错误的行动。
- 关键词"选民潜力"：以数字化为主题（还）无法赢得选举，因为到目前为止，大多数情况下对该议题的定位是初创公司，是个所谓的小问题，初创企业虽然非常重要，但并不代表有着重要的选票潜力。即使在斯诺登丑闻发生之后，网络政策显然也并不是重要的竞选议题。
- 关键词"政府结构"：没有一个部级机构起统领作用，也没有一个部级机构有在联邦或者州一级统一掌管数字化问题所需的预算和政策执行力。到目前为止，只有少数几位国务秘书负责这个问题，而且政府各部中只有一部分有相应的下属机构。

上述情况是数字政策先前在政界的不断变化造成的，遗憾的是，数字政策的演变及默克尔总理的"新大陆"概念具象地再现了德国当前政治体系的独特性。

德国数字化进程回顾：时间线回到 2013 年，那一年（青年）数字经济及初创企业最终成为政治议题。作为数字经济界与德国总理默克尔的对话机制，2012 年 6 月举行的互联网峰会在 2012 年 11 月于埃森举行的信息技术峰会上得以延续，最后在该机制的基础上，德国经济部长菲利普·罗斯勒 2013 年 1 月在联邦经济和技术部成立了"初创数字经济"顾问委员会。与此同时还成立了德国初创企业联合会，德国信息通信技术和新媒体协会也把"青年信息技术"列为主要议题之一。在 2013 年德国联邦议院选举的准备阶段，顾问委员会提交了结果报告，初创企业联合会提交了德国初创企业议程，德国信息通信技术和新媒体协会提交了启动提案，欧盟发布了初创企业宣言，这些文件标志着围绕数字议题的讨论暂时达到了高潮。结果是，"数字经济"和"数字初创企业"在联合政府条约中获得了重要地位。此外，最近一次联邦议院选举后，联邦经济部长加布里尔、联邦基础设施部长多布林特和联邦内政部长德梅齐埃共同负责"数字化"这个问题，联邦议院也成立了自己的数字议程委员会。2014 年 7 月联邦政府数字议程初稿在网上公布，制定该议程的目的是由政府各部合作确定德国数字化政策的重点。此外，在 2016 年汉诺威国际消费电子、信息及通信技术博览会（CeBIT）开幕之际，德国经济部在未与政府其他各部协调的情况下公布了自己的"数字战略 2025"。

联邦政府的网络政策

新责任基金会的塞巴斯蒂安·里格尔分析了把"数字议程"的领导权分配给经济、内政和交通三个部级机构的做法是否有意义。[129]他得出的结论是："这种情况弊大于利，因为权限分布太广，效率很低，需要花很大力气进行协调。由不同议会党团领导的政府各部会受到竞争性党派利益的影响，进一步增加了进行建设性工作的难度。"网络政策网博客也支持这个看法："我们在战略公布时就已经表达了反对意见，网络与数字政策由如此多的小部门分管，还是没有被视为独立的领域。数字议程委员会没有上级主管部门也说明了这一点。人们担心这样无法取得有意义的结果，截至目前，这种担心已被证明并非没有道理。"[130]

> ● 政治的相应**数字化范式**可以明确为：数字政策在政府体系中还未获得必要的地位。迄今为止，数字政策被视为传统部门的附属，而不是独立的政策领域，主管单位没有成为政府体系中的独立部门。这与数字政策日益增长的重要性不相称。

为了进行实质性的改进，在联邦一级主要讨论了三种模式。第一种模式是，设立独立的"数字部"（互联网部），有自己的预算、工作人员和责任，这种模式需要对联邦政府进行重大重组，即从政府其他各部裁撤人员然后汇集到这个新的部门。第二种模式是，由总理府协调数字政策，可以由专管"数字国务秘书"或者联邦专员负责协调由现在的政府各部负责的相关议题，在"文化和媒体"领域以及"移民、难民和融合"议题上现在采用的就是这种模式。第三种模式是，在现在的三个部里设立权力很大的"数字国务秘书"，由国务秘书构成矩阵式组织直接相互交流，比如，法国政府设有受经济、工业和数字事务部部长直接领导的数字事务国务秘书，目前担任此职的是阿克塞尔·勒梅尔。

正是这个勒梅尔询问德国联邦议院数字议程委员会的委员们德国政府是否有相应的政府部门负责同样的内容。在议会委员会的网站上可以看到，"委员们回答说，联邦内政部、联邦经济部和联邦交通部三个部共享数字议程的领导权。在联合政府谈判中有过关于设立新的'数字部'或者'数字事务国务秘书'的讨论，但是到目前为止，尚未成立这样一个具有统一领导权的主要负责部门。议员们一致认为，在下届议会任期内可能可以将目前还划分开来的职责整合起来"。[131]

> ● **政治的相应数字化范式**可以明确为：在下一次德国联邦议院选举之后，德国需要设立独立的"数字部"，给予这个对经济、社会和政治具有重要意义的议题以必要的支持，但是也是为了建立具有政治公信力的决策与金融导向的结构。

　　在政治层面，为了数字化的下半场，德国只有设立独立的"数字部"才能为数字化的发展提供必要的大力推动。这些权限和责任将不再分散在不同的部门，可以消除掉政府各部缺少内容方面的协调与合作这个先天缺陷，从而也消除掉联邦政府各部及核心部门之间可能存在的内容方面的竞争。此外，不仅德国国内，欧盟也将拥有清晰有力的代表数字事务的声音，欧盟"数字内部市场"方面的重要决定中有很大一部分正在等待由欧盟委员会做出。德国各州负责数字事务的组织机构也就有了联邦层面的对口联系人，各州必须就政策的实施进行协调，比如，宽带建设与教育议题的州际协调。

　　另一种选择是联邦经济部长加布里尔在"数字战略2015"中提议成立的"数字事务局"。战略中写道："为了回应数字化给竞争、市场和消费者带来的问题，不仅有必要制定数字议程，而且有必要设立数字事务局作为联邦政府高效的国际网络化权限中心，既可以作为联邦政府政策准备的智库，也可以作为联邦政府的服务部门支持政府专业、中立、持续地实施数字化，并按照经济界以及消费者的需要从侧翼保障数字化进程。"[132] 新的联邦数字事务局应创造条件整合数字权限、支持政府的数字议程、持续地建设数字化能力。问题是，与设立独立的"数字部"相比，尤其是在数字事务局的隶属关系以及政治领导权到底归属哪个现有的部门还不清楚的情况下，通过设立数字事务局，数字议题能否获得相同的政治地位。

州政府的网络政策

　　各联邦州的模式也有不同。在巴伐利亚，在州经济、媒体、能源和技术部下面设有数字化和媒体司，负责监督"数字巴伐利亚"计划，并领导所属的顾问委员会，委员会中除了经济与科学界的代表，还有州议会各议会党团以及州政府各部门的代表。在北莱茵-威斯特法伦州，数字经济专员办公室直属州经济部长领导，其职能是作为直接联系人负责初创企业创始人、科学、资本和工业之间的沟通，办公室因此成立了有自己的顾问委员会的北威州数字经济倡议组织（DWNRW），该组织为北威州发展互联网经济制定了战略和一揽子计划。萨克森自由州在州经济、劳工与交通部设有专门的数字国务秘书。汉堡设有直属市政府办公厅的数字事务指挥部。柏林市负责网络政策的机构同样也是市政府办公厅的一部分，直接由市长领导。① 巴登-符腾堡州与很多其他州一样，数字事务的隶属关系不是很明确。

　　面对这种情况，柏林-勃兰登堡大区企业联合会首席执行官克里斯蒂安·阿姆辛克呼吁："正如企业中有首席数字官负责转型一样，州政府必须设立数字事务国务秘书负责整合所有项目。"[133] 换句话说，各州虽有不同的政治体系，但是要设立直属州或者市政府办公厅的国务秘书，人选必须是重要的懂政治的数字专家，而且首先必须是数字专家，由他协助州长或者市长协调并主导州一级的数字政策。相反，在州一级设立专门的数字部没有意义，因为州一级更多是从战略层面转向执行层面。建议在州政府的各个部设立专门的数字事务办公室，在州政府国务秘书的统一领导下形成跨部项目小组。这样一来，各州负责数字事务的国务秘书同时也是联邦数字部的对口联系人。

> ● **政治领域的相应数字化范式**可以明确为：在州一级，德国需要
>   在州政府办公厅或者市政府办公厅设立"数字国务秘书"负责
>   数字事务，国务秘书是战略机构与组织机构，州政府各部相应
>   的下属数字部门为执行结构。

---

① 汉堡、柏林和不来梅为德国的市州，既是城市也是联邦州，其市政府与其他各州的州
　政府行政级别相同。

然而，不管联邦政府或者州政府负责数字政策的组织结构是什么样的，机构的人员组成以及专长也起着决定性作用。在这方面政府也存在与企业一样的问题，即现有体系内部的数字人才太少。目前各政党内部很难找到具有数字专长的人。当然以下人员（按字母顺序排列）是例外：多萝茜·拜尔（Dorothee Bär）（基社盟）、萨斯基亚·埃斯肯（Saskia Esken）（社民党）、托马斯·贾佐姆贝克（Thomas Jarzombek）（基民盟）、拉尔斯·克林贝尔（Lars Klingbeil）（社民党）、康斯坦丁·冯·诺茨博士（Dr. Konstantin von Notz）（联盟 90 与绿党）、纳迪内·舍恩（Nadine Schön）（基民盟）和吉米·舒尔茨（Jimmy Schulz）（自民党）。数字化议题依然是政治焦点，应归功于各政党中上述行动者以及其他行动者的努力。否则的话，在这一大背景下，政策更多是被外部驱动，而不是真正来自政府自己的设想。

网络社区层面的数字政策

在这一背景下，cnetz 和 D64（数字进步中心）这两个政治性前沿组织也是非党派数字政策推动者的一部分。Cnetz 是由来自社会各领域的成员组成的协会，公民的政治观念把他们凝聚在了一起。该协会认为数字化是保障未来生存能力和继续推进社会、文化、政治与经济领域的共同生活所面临的主要挑战之一。协会由联邦议院议员托马斯·贾佐姆贝克（会长）和医学博士于尔克-米勒·里茨科夫（会长）共同领导，与基民盟关系密切。D64 将自己视为数字化的高级智库，旨在实现超出纯粹思考层面的政治变革，自由、正义和团结等基本价值观是其确定内容方向的指南针，这些价值观在数字化的大背景下必须与时俱进。该组织由瓦伦蒂娜·凯尔斯特和尼克·鲁马共同领导，与社民党关系密切。网络政策网博客是另一个重要的网络政治运动阵地，将自己视为数字版权的代表，讨论所有与互联网、社会和政治有关的问题，并试图通过讨论"揭示出借助网络倡导数字自由以及开放性的路径"。[134]

在这种情况下，D64 和"进步中心"两个组织起草了题为"数字政策是社会政策，必须进行设计！"的共同纲领，纲领代表许多持其他意见的群体发出呼吁，"迄今为止数字政策尚未成为独立的政治领域或者议题，而是隐藏在各个部门中。数字政策不是别的东西，就是认识已经变化了的现实，因此会影响到所有的'传统'政策领域，数字政策不能再在小餐桌上讨论，而是必须成为社会的中心议题"。[135] 相关建议都已经摆上桌面，"初创数字经济"顾问委员会、全国数字经济委员会（法国）、D64 和其他利益集团早就已经提出了这些建议。我们现在需要拿出政治勇气，大胆地为德国和欧洲制定坚定不移的数字政策，即建立对数字化议题高度重视的政治结构，把数字人才纳入政治体系，认识到只有通过快速的政策超车才能应对数字化，在受到重视后也许并不是所有事情都能成功，但是某件事情一旦获得成功就会推动我们继续前进。下面介绍其中几个具体建议。

5.1

对基础设施政策的要求

就在数字政策中为实现"德国 4.0"奠定基础而言，首先要关注的是普遍的快速互联网接入。德国仍有数以百万计的家庭无法获得速度足够快的网络来使用当前的数据密集型应用程序。虽然最后才提到，但同样重要的是，网速也是经济因素，正因为预计不会有足够的互联网接入，企业现在不愿意在那些网络结构薄弱的地区投资建厂。商业环境数字化的程度越高，问题就越紧迫。因此，数字政策必须研究如何为德国的高速与普及型互联网建设数字基础设施这个问题。

5.1.1
网络建设作为数字根基

在国际比较中，德国在宽带供应方面最多只是中游水平，这一事实本书一开始就已经论述过，并用数字做了说明。联邦政府已经认识到采取行动的必要性，政府的宽带战略指出，"用于快速交换信息与知识的高性能宽带网络是经济增长以及社区与区域良好发展的必要前提。宽带是重要的区位因素，对企业和个人都起着越来越重要的作用。快速互联网不仅扩大了企业的通信能力，也有助于创造新的商业领域，扩大居民的互动与信息选择。现在，宽带对许多应用场景与日常生活的各个方面有着重要意义，比如网上银行、行政管理、医疗服务、教育事业、贸易和规划休闲活动"。上述论述非常重要，因为策尔尼希等人 2009 年已经在题为"宽带基础设施与经济增长"的研究报告中指出："宽带供给增加 10% 将使国民生产总值的年增长率在原来基础上再增加高达 1.5%，使劳动生产率在未来五年内提高 1.5%。"[136]

高速互联网作为基本供给

政治家们一致认为，基础设施建设作为数字根基已经成为迫切需要，现在的问题是发展的速度、覆盖面和融资。联邦交通和数字基础设施部调查发现，由于投资成本高，尤其是在人口稀少的地区，私营供应商没有能力建设并扩大高速网络，因为这样做无利可图。联邦交通和数字基础设施部在报告中写道："因此，在许多人口稀少的地区，到目前为止还没有完全通过市场进行开发而取得成功的先例。"[137]

居住在人口稠密地区以外的人都已经发现情况确实如此。根据《勃兰登堡汇报》的一篇报道，在勃兰登堡州的大约 120 万个家庭中，目前有 28.1 万户，即 23% 的家庭，仍然无法用上速度至少为每秒 16 兆比特的快速网络。[138] 在北莱茵-威斯特法伦州，大约 25% 的家庭无法用上速度至少为每秒 50 兆比特的网络。因此，联邦政府希望在 2018 年之前通过补贴和资助在全国范围内实现速度至少为每秒 50 兆比特的宽带网络，当然包括人口稀少地区，但是现在就可以预见这一目标将无法实现。

> ● 政治的相应**数字化范式**可以确定为：在通往千兆社会的道路上，德国需要坚持不懈地逐步建设宽带网络。快速互联网的基本供给是当前必须完成的结构性政治任务。

但是即使政府实现了这个目标，在实现的时候也已经过时了。因为从 2018 年起，最迟从 2020 年起，世界将进入千兆社会，光纤网络将成为标准。在千兆社会中，不仅传输速度很重要，延迟时间，即网络的响应时间，也很重要。响应时间对于"工业 4.0"所要求的网联工厂场景中的复杂数字应用尤其重要，对于无人驾驶汽车而言也很重要。

千兆社会的要求

面对这种情况，互联网协会布雷科（Breko）、布格拉斯（Buglas）、瓦特姆（VATM）、安加（Anga）以及光纤到户欧洲理事会（Fibre to the Home Council Europe）认为："德国的宽带政策处于十字路口，联合政府条约提出的每秒 50 兆的带宽标准太低，无法保证德国具有适应未来需要的网络基础设施。"他们的上述看法得到了大家的普遍认同。[139] 根据这些协会的说法，2018 年的宽带目标"充其量是个指路牌，或许更应这么理解，这样做旨在避免必要的发展被延误，避免对能够满足未来需要的通信网络的投资建设被阻止，避免竞争被扭曲，避免税收资金被浪费"。因此相关要求已经明确提出，在此可以表述为：

- 最终应让所有德国人和企业都可以不受限制地用上千兆网络。政府和管理部门的目标必须是，即使这个目标毫无疑问是个长期目标，所有行动也都应以实现这一目标为导向。就实现这个目标而言，固定电话以及手机都是重要的网络供给渠道。

- 在宽带战略的目标设定中，可持续的网络建设必须优先于过渡性解决方案。如果经济上可行，应直接建立千兆网络。相反，如果过渡性解决方案在经济上可行，其建设方式也不得妨碍或者延迟网络的进一步扩容。

- 在对矢量化（Vectoring）等中间解决方案进行监管时必须强调使用的技术是过渡性的，不得妨碍网络的进一步扩容。此外，矢量化实际上必须被看作实现光纤到楼（FTTB）或者光纤到户（FTTH）的桥梁。

- 德国有必要建立负责宽带政策的高效机制性组织。事实证明，不管是在联邦一级还是州一级，与网络建设和监管方面的核心问题有关的主管权分散在政府不同部门带来的问题特别多。

- 从终端客户角度看，考虑到现有的基础设施及服务竞争，减少接入监管将极大地损害继续建设光纤网络所必需的网络接入。恰恰是在农村地区，确保接入由前垄断企业德国电信提供的现有的铜线网络不仅绝对必要，而且对进一步建设与客户距离越来越近的光纤网络而言也是决定性的前提条件。

- 总的来说，扶持政策必须建立在新的基础上，即积极参与建设的企业需要给予鼓励，在扶持程序中应优先考虑可持续的技术。必须防止利用扶持资金升级现有下一代接入（NGA）基础设施的情况发生。在分步建设方面，企业应事先提供框架规划。与直接建设光纤到楼、到户相比，在对分步建设进行经济性评估时，把所有收入和成本都包括进去才更有意义。持续的扶持举措也强制企业接受所谓的运营商模式的重新评估，要看采用的模式是否实现了竞争的高度中立性与供应商的开放性。

- 除了旨在扩大农村地区网络覆盖的项目，对那些旨在为网络供给不足的中小型企业（比如加工业集中地区）提供网络服务的城市光纤项目也要给予扶持。与从经济性考虑难以进行网络建设的农村地区相比，城市地区的网络建设显得尤其重要，从一开始就要制订长期看来可持续的解决方案，一般来说只能通过建设光纤到楼、光纤到户来保障，无须中间步骤。然而，在开展这些项目时，无论如何也必须防止利用扶持资金升级现有的下一代接入基础设施的情况发生。

- 必须给予网络运营商以适当方式推销网络容量和服务的可能性，让他们可以继续依靠自有资金建设网络。这种情况必须进行谨慎监管，一方面要确保竞争的合法性和用户利益，另一方面也不要在新商业模式刚萌芽时就对其采取歧视态度。
- 必须要让服务提供商继续以适当方式不受歧视地接入未来的网络。

这些要求也直接引出了网络中立这个议题，因为网络运营商的价格模式和数据量模式既有针对优先零评级内容的，也有针对所谓专门服务的新成本模式，所以一方面有价格模式和数据量模式，另一方面又要求服务供应商及需求者均可不受歧视地使用互联网，这两个方面在一定程度上是矛盾的。

5.1.2
网络中立作为数字基本原则

网络中立是信息社会面临的主要挑战之一。根据克莱默、维维奥拉、维恩哈特（2013）给出的定义，网络中立是指互联网传输中数据的平等处理和数据网络使用中的非歧视性接入。[140] 网络中立型互联网服务提供商以相同的方式处理所有数据包，不得根据数据包的发送者与接收者、数据包的内容以及生成数据包所用的应用程序区别对待数据包。

已经持续进行多年的原则性讨论的本质是，现有的规章政策性法律框架是否可以确保遵守网络中立性原则？是否可以因此保障网络的创新开放性？甚或保障网络中立性是否需要特殊的监管概念？维护和保障网络中立是互联网数据传输的重要基本原则。由于存在更快速的、需要为此再次付费的"专门服务"，基于网络中立性考虑，许多互联网专家和网络机构一再建议避免出现网上经济服务方面的"两级社会"。

欧洲网络中立规定

2015年10月29日，欧洲议会在斯特拉斯堡通过了网络中立新规定，绝大多数人投票赞成这一有争议的法案。法案虽然规定了对数据交流进行平等处理的原则，但同时允许网络运营商通过网络优先传输所谓的专门服务。欧盟委员会宣布，专门服务只涵盖医疗、报警和出行服务，比如无人驾驶，但是规定文本中缺少服务的具体定义。不久，电信行业以德国电信首席执行官提莫特乌斯·赫特格斯个人博文的形式公布了定义，并宣布，未来所有服务都必须为快速传输"专门"支付费用。那些付不起费的人将被从超车道赶到慢车道上。赫特格斯还具体写道："将来也有可能通过多付几欧元来使服务的质量得到保障。"[141] 反过来说就是，所有其他服务的质量都没有保障。比如，《时代周刊》记者帕特里克·博伊特对这一计划的评论是："谁不愿付费让自己的数据先行，就只有被堵在数据流中。"[142] 首先受到影响的是互联网上刚成立的初创企业，为了最终进入市场并说服客户相信自己，他们的创新商业模式离不开快速的数据传输。根据联邦经济部"初创数字经济"顾问委员会的意见，付费服务威胁到了德国线上初创企业的建立和生存，削弱了整个经济未来的竞争力。

对数字产品的线上收费

不能让一些大型电信公司作为控制市场的网络运营商阻碍初创企业的数字创新！在降速威胁对网络需求者不起作用之后，网络供应商方面现在开始以线上收费作为收入来源。如果初创公司负担不起费用，根据德国电信首席执行官赫特格斯的设想，网络运营商可以按照营业额的一定比例收费作为收益，或者直接参股企业。但是网络中立不能被滥用，网络运营商不能靠网上初创公司来致富。天使投资和风险投资公司冒着很大的风险，希望以后能够盈利，可他们现在必须用自己的投资先额外支付网络运营商直接按营业额的一定比例收取的服务费。这不是一个积极的信号，而且对德国在数字经济领域的投资区位来说极其危险。

"生态"互联网经济协会主席哈拉尔德·祖马也强调指出："网络中立是互联网上数据传输的基本原则，没有网络中立就没有我们现在所看到的互联网，为了继续发展和创新，需要维护网络中立。"[143] 他的观点得到了互联网先锋阿诺德·尼珀的支持，后者也是法兰克福德西克斯（Decix）互联网节点公司的创始人之一。尼珀说："在数据高速公路上每个人都应该可以免费通行，不应该设立由收费站和优先车道构成的体系！大家已经通过网费在入口处支付了费用。"[143] 这再次清楚地表明，网络供应商这样做"只是"为了采用双重收费模式。

对专门服务的解释

为了实施网络中立，需要从社会意义和国民经济的健康发展这两个方面出发对专门服务进行明确界定。在数据网络中，相对于其他服务，有且仅有上述两个方面的专门服务才应该被赋予免费的优先传输权。将线上产品普遍称为需支付额外费用才能得到快速传输的专门服务，所有这样定义专门服务的企图都必须予以明确拒绝。与此同时，把某个产品纳入、命名、规定和解释为专门服务是国家的主权任务，不能由私营网络运营商来决定。只有这样才能保证网络空间的自由与社会市场经济制度。因此必须通过联邦网络局制定明确的规范，为网络运营商与此相关的收费模式制定申请程序，并且必须进行市场检查。鉴于联邦政府使用扶持资金，因此也是使用税收资金对宽带供给进行了巨额投资，如果电信行业在以这种方式建成的网络上要求所有企业，尤其是初创企业支付私营服务商收取的线上费用，就必须检查这些投资是否是对电信行业的隐性补贴。

> ● 政治的相应**数字化范式**可以明确为：网络中立是自由互联网的基本秩序，也是发挥数字化商业流程和商业模式的创新力量的基础。网络接入必须保持非歧视性，网络作为"公共物品"不得属于任何人。只有那些社会意义重大而又服务于公众福祉的网上服务才是例外，需要网络运营商提供专门服务。

政府，尤其是联邦网络署及对口的联邦经济部，必须在实施和应用欧洲法规时谨慎行事，从而确保维护网络中立。尤其是不能让德国的互联网初创企业在技术、网络接入或者融资方面在国际竞争中处于不利地位，影响其数字化商业模式的发展，因为互联网的创新能力主要在于，能够立即提供新型服务和应用程序，无须在全球范围内进行漫长的谈判，可以直接获得广泛的用户群。网络的上述功能，尤其是访问"互联网商城"的低门槛，是发挥线上经济创新潜力的关键要素之一。即使进一步建设网络需要大量资源，网络运营商的商业模式也尤其不能歧视数字经济领域的初创企业。

5.1.3

没有数字歧视的网络使用

除了网络建设的技术问题以及要求对产品保持技术上的网络中立，客户通过相应的终端设备访问网络的技术问题也完全可以视为基础设施的一个方面。这方面的核心问题是，是否无论使用何种终端设备，都可以获得非歧视性服务，是否都可以非歧视性地访问存放在网络上的内容？只有当用户在访问网络方面不会因为自己的技术设备或者所在地区而受到歧视时，社会才能建立对电子商业流程和商业模式的必要信任，并因此建立对使用技术基础设施的必要信任。这意味着，不能阻止使用某个终端设备的用户在某个时间访问网上内容，不能因为设备使用的技术而一概不让用户使用网上服务项目，也不能要求用户支付不同于其他用户的价格。

不同的智能手机，不同的商品价格

提出这一要求的背景是，有报道说如果互联网用户通过某个移动终端上网或者用某个国家所属的网址访问产品，他们在网络贸易平台上会遭遇系统性的价格歧视，或者网络根本不给他们显示某些产品，尤其是预订平台缤客网已经因为这类做法上了新闻头条。这里说的不是供应商针对不同客户群所采取的公认的价格差异化政策，而是指通过区域性网络接入点或者所使用的特定终端（比如苹果手机）对客户所进行的普遍基于技术的预先选择。各州的消费者中心已经开始关注这个问题。据《莱茵邮报》报道，亚马逊等线上零售商虽然之前已经否认存在上述现象，但是西南德意志广播电台以及北莱茵-威斯特法伦州消费者中心的调查结果显示这种现象是存在的。

比如，计算机杂志《芯片》调查发现："使用苹果设备的人支付的费用高出使用 Windows 系统的用户，原因是，商家认为，那些使用苹果手机、苹果平板电脑或者苹果笔记本电脑上亚马逊网的人支付能力更强。"[144]西南德意志广播电台出版的杂志《市场调查》发现："亚马逊上 iPhone 6 的价格一小时内飙升了超过 100 欧元，尼康单反相机一天内的最低价与最高价之间的差额接近 1 000 欧元，佳能数码相机的价格一天内确确实实变化了 275 次。"[145]然而，在其他行业中价格不断变化的情况也并不少见，比如加油站，尽管价格本身随行就市、不断变化，但是不管是豪华车司机还是小型车车主，加同一种燃料就得支付相同的价格。

- 政治的相应**数字化范式**可以明确为：用户中立性是对网上消费者政策的基本理解，因此也是无保留地通过技术设备使用数字结构的基础。在技术设备接入产生的影响上，网络必须保持非歧视性，不得基于终端设备或者接入路径所使用的技术对客户进行预选。

如果将汽油理解为非歧视性驱动汽车的基础，则必须首先以非歧视的方式向终端设备提供所有数据及后台信息。基于设备、区域或者内容方面的访问路径所实施的经济上的预先歧视可能会把网络需求者划分为第一和第二两个等级，在访问网络产品时限制需求表达的自由和公正。欧盟委员会 2015 年 10 月发布内部市场战略时宣布，希望欧盟线上内部市场实行统一价格。这肯定是个重要目标，因为大家毕竟并不会仅仅因为用老式无线应用协议（WAP）手机预订的行程更加划算就使用这种手机预定行程。

5.2

对教育政策的要求

除了访问互联网的技术方面之外，接下来的使用过程，也就是说，使用互联网的能力也有着非常重要的意义。只有在向所有人，尤其是下一代人，讲清如何正确使用互联网之后，数字社会才能利用好个人能力和个人机会。基本想法是，只有知道如何使用媒体的用户才能认识、充分利用以及评价数字机会，当然也包括相关联的以及操作过程中出现的媒介风险。与此同时，重点并不是规定要使用媒介，而是要把技术、社会、经济与政治方面的各种可能性传授给学生。为了达到上述目的，国家需要在各级教育机构为下一代提供适当的课程安排。

　　除阅读、写作和计算之外，编程是21世纪的第四项文化技能！因此学校教育必须适应这种情况，除此之外别无选择。教育改革要在五个层次上展开，在小学开设针对普通内容的"数字学"课程；在各类中学的所有科目中要教授学生数字媒体的使用，教授时要以应用为导向；在各类中学开设作为"第二外语"的专门课程编程课；在大学开设数字经济课程；在大学企业经济学、经济信息学和计算机科学专业开设电子创业课程。

5.2.1

小学的"数字学"

　　目前，数字能力的传授在校园里是在学生之间进行的。一旦学生回到教室，大多又开启了"粉笔时间"。但是不仅需要加强数字媒体在课堂的使用，更需要教授给学生按照自己的目标和需要使用媒体及其内容的能力，要覆盖以下五项子技能，即信息能力、交际能力、展示能力、产出能力和分析能力。到目前为止，这些技能的培养常常"仅仅"被归入中学专门开设的计算机课程，内容为编程基础知识，而且还在讨论是作为选修课还是必修课。但是，这样做还不足以向下一代传授使用媒体的数字自由。大家呼吁从小学开始就开设"媒体使用"或者"数字学"课程，要能够教给学生使用媒体的技术能力以及内容能力，也能够让学生学到这些能力，包括信息、交际以及交易三个模块，涵盖从模拟媒体到数字媒体的各个发展阶段。

　　在这一背景下，计算机学会（GI）在"达格斯图宣言"框架内发出呼吁，"必须设立专门的课程，让学生可以获得了解数字互联世界所需要的基本概念和能力"。[146] 同时宣言也补充说："除此之外，整合与数字教育相关的各种专业联系是所有课程的任务。"必须从技术、社会文化和应用导向三个视角关注数字互联世界中的数字教育：

- 技术视角的任务是探究并评估形成数字互联世界的各系统的作用方式，回答关于系统作用原则的问题，回答有关对系统进行扩展和塑造的可能性的问题，用反复出现的各种构想解释不同的现象，教授基本的解决问题的策略和方法，从而为参与塑造数字互联世界打下技术基础，并积累背景知识。
- 社会文化视角的任务是考察数字互联世界与个人及社会之间的相互作用，比如回答以下问题：数字媒体如何影响个人与社会？人要如何评价信息？如何形成自己的立场？如何影响社会与技术发展？社会和个人如何参与塑造数字文化与素养？
- 应用导向视角侧重于有针对性地选择系统，并将其有效且高效地用于实施个人计划和合作项目，回答如何以及为何选择和使用工具的问题。这要求人们必须了解每个应用领域的常用工具的现有可能性与应用领域，并能够熟练使用这些工具。

因此，网络政策必须把（数字）媒体的（数字）使用能力教育规定为数字教育的基础。

"数字学"作为试点项目

从"数字学"网站（digitalkunde.de）可以看到，对于开设"数字学"课程已经有了一系列值得一看的做法。"2015—2016学年下学期，为了以数字方式丰富课堂与校园生活，政府已经为德国各地的九所试点学校聘请了校外数字专家。在专家的支持下，学生和教师将各种数字工具和方法融入了学校的日常生活及日常教学中。"[147]项目发起人是设在联邦经济和能源部的"初创数字经济"顾问委员会。

网站上还可以看到：为什么学校能从数字化专家直接的低要求支持中

获益？学生的生活现实已经离不开虚拟世界。上课时如果使用一些常见的
数字工具，也能起到丰富课堂的作用。学校＋（Schule-PLUS）公司的创始
人罗伯特·格雷夫给大家提供了这方面的实例："创建一个线上共建内容社
区（Wiki）常常就完全可以通过涂鸦（doodle）程序来组织下一周的项目，
或者把历史课上学到的东西用新闻化（Storify）工具表现出来，让学生非
常方便地体验向数字课堂的流畅过渡。位于亚琛的奥博福斯特巴赫小学将
首先给学生介绍互联网，接下来像玩游戏一样通过新闻化聚合工具用已经
学到的知识来重新研究国民教育课 ① 上关于亚琛的童话和传说。汉堡的学
生在编程夏令营活动中创建了用于英语课的词汇训练师工具。"[148]

> ● 政治的相应**数字化范式**可以明确为：需要在小学开设"数字学"
> 作为原则性的数字世界导论课，因为每个人都会接触到"数字
> 化"这个问题（信息、交流和交易），需要具备相应的基本能力
> （生产、消费）。

目前，引入校外专家的做法有着很好的前景，因为教师培训需要花费
太多的时间，但是在数字时代没有这么多时间来做这件事。尽管如此还是
必须同时大力发展这方面的教师培训，只要不会妨碍过渡模式就行。事实
是，"数字教育正逐渐成为成功就业的先决条件，同时也是我们在数字世界
中行使自决权和获得普通评估能力的先决条件，这种自决权和评估能力不
仅与工作有关，也与我们作为消费者和公民的生活有关"。[149] 这句话引自
联邦经济和能源部的《数字战略 2025》文件，把问题已经说得很清楚，无
须再做任何补充。

---

① 国民教育课（Sachunterricht）是德国小学和某些中学以上特殊教育学校中对国民进行
　家乡、国情和常识教育的科目，也称公民教育课。

5.2.2

中学的编程课

小学的任务是让学生打好获得数字能力的重要基础，除了编程基础，还包括使用电脑、智能手机和互联网，以及数字媒体的使用对用户踪迹及数据使用的影响；在中学，除继续开设属于通识基础教育范畴的计算机课程外，还必须开设作为"第二外语"的编程课程。计算机学会主席奥利弗·贡特对此评论道："由于各州对课程表的讨论过于漫长而且没有必要，同时也由于对在小学和中学开展计算机教育的意义以及未来的重要性认识不足，德国错过了成为信息技术区位的机会。我们必须觉醒并从现在开始真正地促进计算机教育，让其成为儿童和青少年的重要教育财富。"[150]

把编程作为"第二外语"

随后，联邦经济部长加布里尔也呼吁将编程作为学校的"第二外语"。2014 年在柏林举行的"初创数字经济"顾问委员会的咨询会议上，他说："编程语言是 21 世纪的语言中的一部分，可以在学校中开设编程语言作为'第二外语'。"[151] D64 网络社区协会的尼克·鲁马对此评论道："如果想了解数字世界是如何运行的，想改变其中的某些东西，就必须说数字世界的语言，仅仅当个用户是不够的。"[152] 当然，由于学校日常教学活动的容量有限，要求开设更多的科目对学生的教学计划也不是没有影响，这里多一点那里就得少一点。因此，我们必须认真思考是否要继续坚守古代语言的教学，比如拉丁语和古希腊语，而放弃数字时代的语言。此外，也可以讨论开设编程课的合适时间点。如果不能作为"第二外语"，在选修课范围内把编程作为"第三外语"取代西班牙语或者俄语也将是另一个不错的选择。

- **政治的相应数字化范式**可以明确为：需要开设信息学课程，让其成为小学"数字学"的必然延续，同时也需要开设作为"第二外语"或者"第三外语"的编程课，对前面学到的内容起到加深作用。

此外，这个问题还有另一个方面。在本书的几个地方已经提到过，源自德国的数字创新太少，数字经济领域的创业活动也太少。恰恰是在计算机和编程领域，或者两者之中的任何一个领域，学生可以以近乎独特的方式积极参与实业活动。在这方面，不仅美国而且德国也有很好的榜样。上学期间开展的首次实业活动以及技术体验也可以为后来的创业奠定基础。与此同时，德国学校要么根本不开展从事创业活动所必须的三个部分的教学，即信息技术、创业精神和企业经济学基础知识，要么这样的教学开展得很晚、很不充分。中学打下的基础对于在高等学校继续学习用处很大。

5.2.3
大学的电子创业课

特别是在信息和通信技术专业，德国大学的创业者面临着双重难题。一方面，如果大学里的创业者想结合所学专业实现自己的实业创意，从学校得到的支持仍然很少；另一方面，即使大学里有创业课程，大多数情况下创业课程仅被看作诸如市场营销或者组织学等其他重点课程的横向补充课程。反过来，在计算机和经济信息学专业，几乎看不到把创业课程与大学的课程体系进行必要的纵向融合，并与重要的信息通信技术教育直接结合的情况。因此创业所必需的计算机和经济信息学专业领域的基础与创业知识以及数学、计算机科学、自然科学与工程学科普遍的基础与创业知识并没有充分结合起来。虽然在"初创数字经济"领域德国肯定也存在创建新企业的潜力，但是大学生单独创业这种潜力还没有发掘出来。

数学、计算机、自然科学以及工程领域的创业精神

两方面的问题表明，需要相关部门在这两方面的结合度上采取明确行动，加强电子创业这个复合型专业，使大学生单独创业在德国也变得像在信息产业强国美国一样受到重视。这样做的理由很充分，因为大学老师中几乎没有专业的创业导师，尤其是没有创业经验丰富的导师，没有专门对数字经济创业者进行辅导的人。一方面，企业经济学专业的创业课老师与信息技术界没有共同的语言；另一方面，由于缺乏信息技术方面的知识，大学生的创业潜力无法得到充分的提升，而信息技术同行除了编程知识外不知道如何把重要的信息技术研发结果与大学生一起转化为适销对路的产品。浏览一下统计数据就可以看出，在创业教育与信息技术之间几乎没有构建结合点，或者在少数情况下仅是通过各种跨学科合作构建了一些结合点。创业研究促进会（FGF）统计得出，大学、应用技术大学和其他类型大学目前有大约九十个创业教授职位，其中"仅"二十个教授职位的研究对象为信息通信技术方面的重要课题以及研究领域，只有两个教授职位明确以"电子创业"为课题（哥廷根应用技术大学和杜伊斯堡-埃森大学）。

面对这种情况，"初创数字经济"顾问委员会在第一份成果报告（2013年1月）中发出倡议，在以企业经济学、计算机、经济信息学专业为重点的大学为电子创业设立十个教授职位，加入倡议的代表分别来自联邦经济和能源部、联邦教育和研究部、德国重建信贷机构、创业研究促进会、项目经理计划（EXIST）和计算机学会。[153]其目的是在创业和信息与通信技术的重要结合部促进专门的创业者教育，从而加强初创数字经济领域的大学生单独创业。在开展电子创业飞行巡游（EEFC）活动期间也发出了这一呼吁。电子创业飞行巡游是"2014科学年-数字社会"框架下的一项全国性巴士巡游活动，旨在加强数字经济领域的创业者教育。旅程共计2 000千米，设有六个站，分别位于科隆、汉堡、柏林、德累斯顿、纽伦堡和斯

图加特，共计有约 20 万人次参与现场以及社交网络上组织的活动。活动表明，我们需要更多的数字经济创业者，并且亟须在德国大学为创业者教育设立相关的机构。如果不这样做，德国将错过发展数字未来的机会。

● 政治的相应**数字化范式**可以明确为：需要在大学设立电子创业专业，把企业经济学、经济信息学和计算机专业结合起来，为德国数字经济的发展激发出更多的创业活动。

当然，不是每个人都能够或者希望成为数字经济的创业者。在这一领域，大多数人的身份仍然是拥有必要"数字技术专长"的专门人才，为此也需要对大学的课程进行调整。

5.2.4
数字经济（双轨制）继续教育

目前和未来最大的问题之一是，企业现在而且将来仍然会缺少实现数字化转型所需的专门人才。关于电子商业流程和商业模式的基础知识以及所谓的电子商务几乎或者根本没有出现在大学的教学计划中。只有少数几所高校例外，如柏林博伊特理工大学的"企业经济学与数字经济"课程、科隆莱茵应用技术大学的"数字商务管理"硕士课程以及各大学以"电子商务"或者"网络营销"为课题的几个教席，这些课程和教学安排还不足以让德国学生为数字未来做好准备。

因为在其他大学，这些课题基本上仍然是传统企业经济学或者计算机、经济信息学专业和课程的附属。当前的原则性问题是，纯企业经济学课程的内容从技术视角看不是专门为"数字经济的电子商业流程和商业模式"量身定制的，而纯计算机、经济信息学课程在同样情况下又缺少经济视角。然而，数字世界的发展速度很快，任务的复杂性也在增加。慕尼黑媒体与传播大学教授菲利普·里姆从上述观察得出的结论是："传统经济学专业几乎不能为数字经济领域的入门者提供还算适当的技能。"[154] 因此，非常重要的是，让年轻人在接受大学教育时就能够积累大量的实践经验，并研究市场的特殊性。

应用导向的大学学习

除了引入数字经济方面专门的学士和硕士课程，"双轨制大学"模式也很有用，在这种模式下，学生们除了修读大学课程之外，还可以直接在企业学习数字化转型。学生需要从理论和实践两个角度学习数字化商业模式与流程的构建、相关的企业网上沟通技能，并注重学习管理决策方面的互联网技术与功能结构。因此大学的数字经济双轨制专业必须以应用为导向，并通过扩展课程以及学习时间方面的灵活性突出自己的特色。电子化学习阶段也可以嵌入混合式学习程序中。在"数字战略2025"框架内，联邦经济和能源部也发出呼吁，必须与有关方面一起改革当前的教育规章和继续教育规定，使其与时俱进，让学校能够传授给学生必需的数字技能。

● 政治的相应**数字化范式**可以明确为：在高校，我们需要结合现有的企业经济学、经济信息和计算机专业，专门为数字经济开设新的（双轨制）课程，需要为企业的现有员工提供电子商务方面一贯的继续教育计划。

大学可以通过这样的教学安排回应数字经济领域对专业与管理人员日益增长的需求。就此问题，德国数字经济联合会副主席阿希姆·西姆莱希援引协会的一项研究指出，超过87%的被访企业表示对数字经济领域经验丰富的劳动力的需求量较大或者很大。他指出："德国的竞争力在很大程度上取决于商业模式的数字化转型是否成功。"[155]

在职继续教育

此外，还需要为日常工作中必须研究数字化的在职人员提供在职继续教育课程。根据联邦经济和能源部出台的"数字战略2025"，"由于技术进步迅速，在职继续教育是终身学习以及实现'工作4.0'的关键所在"。[149]劳动者尤其必须通过这类继续教育，获得对职业有着重要意义的技能，专门应对数字经济和企业数字化转型的需要，从而增加自己的就业机会。说得更严重一些，没有数字经济方面的继续教育，未来的工作就没有保障！市场上已经有了第一批课程，比如达姆施塔特学习共同体（函授学校）的"电子商务经理"课程（德国工商会）以及杜伊斯堡－埃森大学的"电子商务经理"证书课程。

5.3
对经济政策的要求

过去几年德国耽误了数字化转型，现在的情况是，至少在B2C领域，单个市场参与者几乎无法在国际竞争中生存下来，而在B2B领域，市场仍然是开放的。因此我们需要把德国国内所有的经济力量联合起来，战胜数字化转型带来的各种挑战。为了实现这一目标，需要在德国数字经济总体规划的框架内讨论传统工业与中小型企业未来的数字竞争力问题，需要通过扶持德国自己的初创企业以及在德国的初创企业来支持数字创新力量，需要阐明传统行业的商业模式与中小型企业以及初创企业之间的数字协同作用。

目前，仅靠德国的力量我们可能没有能力创建像谷歌或者脸书这样的企业，我们的机会在于初创企业（创新）、中小企业（投资）和工业（市场准入）三者的联合行动。只有这种联合才能帮助我们在数字竞争中克服困难，因为在仅靠自己的力量来培育 B2C 领域的线上初创企业方面，我们的所有基本框架条件远远落后于美国人。这并不意味着在这一领域参与全球性数字市场竞争不可能获得成功，但从我们的经济本质看，我们必须首先把现有的实体经济实力领进数字时代。除此之外我们别无选择！

数字经济"3K 战略"

人才、资本和合作（3K）是德国数字经济的必要战略！为什么？在人才领域，我们需要数字先行者作为思想家、实干家和支持者，因此仅从原则上讲，德国的数字经济需要更多的人力资本，不仅需要更多的创业者（外部企业家），也需要更多在企业工作的专业人才和创新者（内部企业家）。为此目的，德国需要强大的目标导向的培训以及双轨制学工并举的继续教育作为发展数字经济的基础，并要针对性地从国外引入信息技术专业人才。我们需要基于数字化商业流程和商业模式为初创企业、工业和中小型企业提供数字经济增长机会。这尤其需要激活资本领域，让企业自己可以进行必要的投资，并为初创企业融资提供风险资本，一方面可以通过特殊的财务减计办法对企业投资数字技术给予税收激励，另一方面可设立投资基金，为数字经济领域的初创企业提供风险资本，这就等于是在改善德国数字经济的融资框架条件。

在合作方面，需要以行动人与机构之间的互联、伙伴关系和孵化器为基础，在初创企业的线上、线下商业模式与工业及中小型企业之间建立数字化的协同机制，一方面指建立并加强网络、平台、合作及交流计划，另一方面指为来自初创企业、中小企业和工业的相关行动者建立进行联系和交流的孵化结构。

- 政治的相应**数字化范式**以及经济政策的核心主导战略是：为了实现德国的数字化转型，我们需要更多的人才、资本，需要初创企业、中小型企业与工业之间的合作，需要为了它们而合作，也需要与它们合作。

因此，人才领域的任务是，为数字议题、创新和企业寻找各层次的思想家、实干家和支持者。资本领域的任务是，进一步激活、增加并协同私人、企业和国家资本，以此作为实现商业流程和商业模式的数字化转型的投资。第三个领域的任务是，让刚成立的初创企业、老牌中小型企业以及工业团结起来，加强数字创新的互联、合作与发展。遗憾的是，这个"3K战略"不是按一下按钮就可以实现的，但是已经制订了许多必要的措施，现在要做的就是去实施！要为德国未来的竞争力培育更多的人才、资本和合作种类，就必须把具体措施付诸行动。

5.3.1

支持数字初创企业

实施德国的数字竞争战略需要更好的框架条件，从而使更多的初创企业及其支持服务可以成为传统行业可能的合作伙伴。这个"更多"不仅指快速基础设施、围绕数据保护与网络中立的讨论，而主要是指受过教育又熟练使用媒体的人，因为他们能够发现并抓住数字经济领域的机会。在这一背景下，初创企业要完成两项基本任务：一方面，初创企业是所需创新的载体，因为推动数字经济发展的很少是老牌大企业，大多数时候恰恰是初创企业，原因显而易见，传统产业由于成立时期不具有网络基因，而互联网时代的初创企业却是自带网络基因；另一方面，初创企业是新工作岗位的源泉。

数字政策 = 初创企业政策

为了让数字经济领域的初创企业能够得到发展，除了创始人的努力外，还需要启动资本，在继续发展过程中需要成长资本。一般情况下，年轻的创业人由于缺少自有财产积累（可能）恰恰还没有资本。因此毫不奇怪的是，联邦经济和能源部的一项研究表明，尽管初创企业需要的资本相对较少，但40%以上的创始人仍然视给企业融资为主要问题。[156] 风险投资（VC），即为刚成立的初创企业融资的风险资本，似乎成了衡量区位创业活力的关键。那么，要与初创企业一起，并通过初创企业发展德国的数字经济都需要些什么呢？

- 首先需要数字思想者、创业式雇主（创业者）和工人（专业人才），也就是说，数字经济人才，不仅数量要多而且质量要高，不仅要在德国国内培养，也可以从国外引进。
- 需要私人、公共机构和企业对数字创新以及现有实体商业模式的转型进行投资，需要为早期阶段和扩张阶段准备足够的资本。
- 需要可以保证公平竞争的、可实施的法律性立法，因此也需要创造在全球互联网经济中发展德国数字经济的公平框架条件。
- 也需要社会认可数字创业活动的成功并接受其失败，因此也需要给予创业者从个人和经济角度退出创业活动的机会，无论他们具体以何种方式退出创业活动。

> ● 政治的相应**数字化范式**以及经济政策的核心主导战略可以明确为：只有资金雄厚而又独特的初创企业环境才能保障网上数字创新及其商业模式的发展。因此需要在经济政策的框架内坚持不懈地促进初创数字经济。

上述需求是基于以下理想:"为了推进数字经济与数字社会,初创企业、工业界以及政府要发展数字价值创造流程,并共同承担责任。"在这一背景下,"初创数字经济"顾问委员会就德国如何改善数字经济领域初创企业成长的框架条件提出了一系列具体建议:

- 借鉴英国企业投资计划(EIS),对投向刚成立的(数字)初创公司的私人投资直接免税。
- 为数字初创企业的成长阶段设立高科技创业者基金,采用国家成长基金的方式,由私人资本与国家资本共同出资。
- 恢复作为退出渠道与增长渠道的"新市场2.0",以此加强融资循环,保持初创企业生态系统的正常运行。
- 引入针对企业投资的特别财务减计选择,从而建立与数字经济初创企业的合作平台(比如孵化器)。
- 由德国复兴信贷银行恢复基金相互投资,从而支持风险投资公司及其基金成为德国(数字)初创企业的原则性融资工具与融资基础。

5.3.2
中小型企业的数字激活

中小型企业(手工业、商业)的数字化不可避免,从时间上看也迫在眉睫,这个说法的三个理由是:1.(潜在)客户越来越多地使用互联网进行商务决策。2.国内与国际竞争对手越来越多地使用互联网办理商业流程。3.数字化商业模式提供商对实体贸易层面的影响越来越大,并正在成为实体的产品供应商和服务商。这意味着,尤其是对中小型企业而言,在信息、通信、交易以及发现重要竞争对手方面，互联网已经可持续地改变了选择过程，而该过程对需求有着重要影响。

数字政策 = 中小型企业政策

中小型企业已经觉察到的结果是，销售额正越来越多地转移到线上及其他参与者手中。因此正因为德国有着强大的中小企业结构，所以德国需要激活数字议题，并为中小型企业转向数字化商业流程和商业模式的最初几步提供具体的支持性服务。在这一背景下，如果对德国经济进行数字竞争方面的优势、劣势、机会和威胁（SWOT）分析，就会得出如下结果：如果德国的中小型企业及其实体商业模式能够与新的数字商业创意直接对接，这些中小企业在数字经济领域就有机会。然而，各种各样的研究表明，高达70%的中小型企业根本没有自己的数字战略，因而由中小型企业自己实施对接的做法行不通或者太慢。因此，解决方案只能是让中小型企业与数字经济领域的初创企业开展合作！

> ● 中小型企业的相应**数字化范式**可以明确为：需要在中小型企业建设针对电子商业模式与流程的数字能力，并把该能力视作数字化转型的生存战略！

由此可以为发展数字经济创造出双赢局面！初创企业可以直接利用自己所需要的大型合作伙伴的资源，尤其是资本、市场知识、销售、人力资源和国际网络。大型或者多家中型合作伙伴还可为初创企业在数字竞争方面提供强大的支撑，让它们有能力面对大多数情况下具有更多风险资本的美国竞争对手。因此数字经济领域的经济政策必须以下面几点为基础，即数字市场导向，数字竞争力，实现工业、中小型企业与初创企业的数字化转型，并通过它们实现经济的数字化转型，为了让上述各类群体之间能够更好地开展合作，数字政策还必须创建可以促进合作的结构。为什么呢？创新性创意有助于传统工业和中小型企业赶上参与数字竞争的机会。这些企业可以与初创企业一起，不受当前实体核心业务的影响，快速而又满怀风险意识地实施新的数字化商业模式。这方面的具体措施包括：

- 通过德国工商会和手工业商会引入中小型企业咨询代金券，作为对传统商业模式进行数字化转型的原则性动员。
- 通过德国工商会和手工业商会为中小型企业建立数字经济及电子商业模式与流程方面的职业培训措施以及继续教育措施，并为此提供资金。
- 为数字和实体零售商（跨媒体）建立合作平台，作为在线上、线下领域相互进行产品扩张的中介。
- 引入中小型企业与初创企业联盟计划，以相应的孵化结构作为初创企业、中小型企业和大公司共同进行市场管理、具体组织共同数字项目的基础。
- 组织关于数字经济的本地区行业与用户见面会，为中小型企业介绍数字化方面的最佳实践范例。
- 为中小型企业引入"数字赫耳墨斯担保"，作为与初创企业合作的激励和保障机制（抗合作失败保护）。

5.3.3
数字工业的框架条件

前面勾勒出的初创企业与中小型企业之间的双赢局面也适用于大企业。在这一背景下，恰恰是大企业正在越来越多地寻求与创新型初创企业进行合作，以便根据数字化转型的要求从初创企业的颠覆性创意中获益。与此同时可以观察到大公司与初创企业之间已经通过孵化器、加速器或者企业风险资本建立了对接。这是一种"创新孵化"形式的外部创新管理，目的是与年轻创业者一起去实现他们令人兴奋的创意。这是一条正确的道路，不仅改变着单个大企业的僵化结构，而且也从整体上改变了工业区的僵化结构。这是因为，横向的德国有限公司模式及其大型实体企业已经服役到期，德国需要新的垂直孵化器，即网络时代大中型实体企业与小型数字企业之间的中间人，前者（仍然）可以获得市场，而后者则拥有数字创新项目。

● 工业的相应**数字化范式**可以明确为：在坚持不懈地实施商业流程和商业模式的内部数字化转型的同时，确切地说是为了转型，需要让传统产业积极关注数字经济领域的创新型初创企业。

现实（仍）是另一番景象，根据"初创数字经济"顾问委员会的成果报告，恰恰是在信息与通信技术领域的初创企业的早期成长阶段，在初创企业与老牌工业企业的合作项目和业务关系中隐藏着"巨大挑战和问题，在必要的流程与手续、沟通行为、公司结构方面的不同行为方式以及理解方式就是这些问题中的几个例子。在这样的业务关系中，这些行为方式以及理解方式在项目启动与实施过程中会反复给双方的合作带来问题。然而这样的业务关系恰恰尤其应该得到支持和鼓励，将初创数字公司的创新能力纳入稳固的经济流程，从而纳入德国国民经济的价值链，是政府和经济界的中心任务。通过这种做法可以创造条件把在本国出现的企业和服务整合起来，让其在国际竞争中成长壮大。恰恰是与美国相比，德国在这些行动领域的表现低于平均水平"。[153]

大公司与初创企业之间的数字对接

大公司与初创企业之间的关系可以很融洽，除了赞成在初创企业、中小型企业和大公司之间实施战略对接的上述论据外，也可以构建关于企业决策者和数字创业方向的决策者的关联关系。一般说来，初创企业的创始人或者管理者对数字创新有着无限的热情，基于作为数字原住民生活的技术特征，他们会尝试所有用计算机可以做的事情或者市场上已经有的基于计算机的产品。他们会把自己的数字创意直接推向市场来观察其是否可行。然而，他们在创建企业和"适应"市场方面缺少实际经验。创业者往往是幻想家，但不是经理人！他们更愿意让商业流程随着每天的立场变化，而不是建立有着稳定结构的组织。创业者在起步阶段在市场上孤立无援，而有名望的企业家则有着稳定的合作和销售网络可以动用。

相反，大公司或者大的中型企业的经理通常虽然经验丰富，但是年龄同样也比较大。因此从生活的技术特征看他们是数字移民，对数字变化越来越"恐惧"，因而对日常业务中的变化越来越不自信。这并不意味着他不喜欢最新的智能手机，也不意味着他们在电脑领域已经落后，但是他们并不清楚社交媒体和社交媒体商务、"工业4.0"、3D打印以及相应的电子商业流程对企业的核心业务有着多大的影响，应如何调整核心业务。然而他们拥有企业组织方面的知识，可以把产品变成能够创造价值的业务。

- 工业的相应**数字化范式**可以明确为：为了实施数字化商业模式与流程（数字对接），大公司与初创企业的跨组织聚合（战略对接）和人际聚合（人力资源对接）必须设计得灵活一些。

但是怎么聚合呢？邮购巨头奥托有自己的对接方式，媒体集团斯普林格也有自己的方式，德国电信公司同样也有自己的方式，其他一些企业也有自己的。所谓聚合是指孵化器与初创企业环境的对接，即"创新孵化"形式的外部创新管理与年轻创业者一起努力实现后者令人兴奋的创意。未来，恰恰是在数字经济领域，大公司将越来越多地尝试通过这类构造，尽早为适应快速而又充满活力的信息通信技术领域的创业者场景做好准备。

数字竞争的联合孵化器

大企业的战略很明确，刚开始时为初创企业提供少量股本，但是可以充分利用自己的宝贵资源，与创始人共同合作，进一步推进商业创意的发展，并且及时分享价值增长，不排除晚些时候把初创企业纳入大企业的可能性。尽管失败的风险更高，但是比起让创新性商业创意在大公司里被搁置，这种战略要更好一些，同样也比晚些时候以更高成本收购外部初创企业要更好，之所以收购是因为外部初创企业已经威胁到了大企业的核心业务。在"工业4.0"口号的号召下，传统的大型工商企业近来正在越来越多地考虑如何借助孵化器来应对与数字经济领域的初创企业提前合作所带来的挑战。

仅有企业风险投资已经不够

当前的数字战略已经不够用了。过去几年中，大企业提供的解决方案被称为企业风险投资（CVC），即由大公司提供所需的资金，通过相应的参股公司直接或者间接为初创企业提供资本，确保自己可以得到初创企业的创意。从不久前开始，初创企业早期发展阶段的融资环境已经有了显著改善，现在由于有着众多的天使投资和其他早期投资者，对于好的创意和团队而言，风险投资看起来已经不再是第一阶段发展的限制因素。企业风险投资在竞争中只是"众多选择中的一种"。此外，从初创企业场景自身已经走出了众多的加速器和孵化器，尤其是通过成功的创业者以及他们的退出。对创业者而言，这些加速器和孵化器把资本与支持相结合，看起来比之前更加"聪明"。在美国，这一变化早已发生，大企业提供的孵化器产品已经有很多，找起来也非常方便，比如施乐公司（XEROX）的帕洛阿尔托研究中心（PARC），伊利诺伊州与雅虎、索尼和高通等公司合作成立的研究园，世界最大零售商沃尔玛公司成立的沃尔玛实验室等，该实验室希望通过初创企业的创意来共同开发未来的数字购物体验。

大公司的数字重新定位

德国的大公司也必须重新定位：定位结果是，大公司现在可以选择自己是想晚一些才参股初创企业，还是想为处于早期发展阶段的初创企业提供其他的孵化方式。第一个战略的优势是失败的风险较低，但是弊端是参股的价格会更高，而且还不清楚到那时企业风险投资对于创业者是否依然有吸引力。从战略目标的重点看，第二个战略坚持在早期参与初创企业，而且参股价格更低一些，但是又会使自己的参与发生质变，使自己变成初创企业的孵化器。重点不再仅仅是所提供的资本，更多是要与创业者联合开展创新研发，从一开始就把公司的内部资源也纳入孵化过程，即共同"创新孵化"。

早期合作确有必要：恰恰是在初创数字经济领域，初创企业的优势通常就在创新过程的开始阶段，而大公司因为其结构不管是从时间上还是从内容上看，行动起来都不像初创企业那样灵活。但是大公司在后期发展阶段可以充分发挥出自己的优势，因为大公司为了深层次实施电子商业模式，可以使用广泛的销售和网络形式。因此一开始就联合起来可能对参与双方都有意义。然而，至关重要的是孵化的方式，即大公司为初创企业提供的孵化器产品作为数字经济与大工业之间的"转接器"是如何塑造的。

仅仅供给资本已经不够了。孵化器的任务是从一开始就为初创企业提供必要的资源，使它们生存下来的机会更大一些。资本是一个重要方面，但是网络、获得试点客户以及为创业基本流程提供支持也很重要。在这种情况下，获得自有资源的能力（专有技术加研发能力、专有技术能力或者研发能力，销售与营销结构）是大公司及其孵化器最重要的优势所在，现在需要更好地把这个优势利用起来。德国电信的科技孵化器 Hub: raum 就是这种产品的例子。雷威[①]及思爱普等其他企业已经考虑推出类似这种孵化器或者加速器的新产品，甚或已经宣布将推出此类产品。菲尔曼

---

① 雷威（Rewe），经贸与旅游康采恩。

（Fielmann）、安联保险（Allianz）和微软提供的也是这种类型的孵化器产品。但是需要注意的是，不能犯按"大企业规则"经营孵化器的错误。

对孵化器的要求

孵化器的架构至关重要！为了让大公司提供的孵化器产品发挥作用，应注意以下方面：1. 如果双方都接受对方的身份，大公司可以与初创企业合作；2. 由于战略、资源和方向至关重要，所以没有现成的孵化器模型；3. 建设孵化器时必须把初创企业的专门技术与大公司自己的商业模式捆绑起来，所需资金要在公司的年度预算外另行安排。

> ● **工业的相应数字化范式**可以明确为：工业界需要更多的孵化器和开放的企业结构来对接数字经济领域的初创企业，或者是作为合作伙伴，或者是作为客户。

为了满足初创企业场景的所有要求，使其在实施创新时无论在融资方面还是在内容方面都拥有充分的灵活性，理想情况下应在公司之外组织孵化器。孵化器与大公司的联系通过战略定位、孵化器需要的公司资源的管理方式以及参与模式进行调整。此外，为了弱化现有的"大企业思维"，使大企业向特有的初创企业文化（所谓的联合孵化器）靠拢，组织孵化器时应另外吸收并拉上来自初创企业场景的外部合作伙伴。在孵化器之间的竞争日益激烈的大背景下，除了提供资本外，大企业还必须通过其他方式为初创企业创造真正的增加值，尤其要以大公司的资源为基础。只有这样，孵化器的转接器才能为大公司与初创企业之间的联合创新孵化获得成功起到作用。

大公司专门委员会中的"数字人才"

为了建立孵化器，也是为了推进大企业内部的直接数字化转型，也需要企业内部对决策有着重要意义的机构拥有迫切需要的数字专门技术。企业决策机构在这方面的情况看起来还不是太一致：在德国 30 家市值最高的上市公司中，只有三分之一的公司将"数字化"问题整合后交给一位高级经理（C 级）负责；在纳入中型企业指数（MDAX）的企业中，只有七分之一的公司有专门负责数字化的高级经理。首席数字官这个职位在德国工业企业的董事会和管理层中仍然很少！大企业监事会以及顾问委员会的情况也大致如此。大企业的相关机构也很少拥有必要的数字专门技术以及这方面的人才。只有德国电信公司和钢铁经销商克罗克内的监事会有相应的技术和人才。

● 工业的相应**数字化范式**可以明确为：需要为监事会或者顾问委员会的人员组成规定"数字配额"，如果首席执行官不是自己直接负责数字化的话，需要在董事会以及管理层设立"首席数字官"职位。

数字政策 = 产业政策

诚然，国家经济政策对这些机构的人员组成的影响很有限，因为联邦经济部不能向企业发号施令，命令企业创建孵化器结构，命令企业为了给决策部门聘用"数字人才"而改变内部视角。但是政府作为配角至少可以经常在经济政策中提一提这些议题，比如在信息技术峰会上或者在与企业联合会的会谈中。此外，还可以有具体的支持，在有疑问的情况下，可以由政府与工业界联合起来提供支持。这样做的目的是，在相互理解的基础上，促进工业界和信息通信领域的初创企业之间的国内国际合作，并找到改善合作的途径。相应的步骤可以是：

• 引入企业投资的特殊财务减计选择，建立与数字经济初创企业合作的平台（如孵化器）。

• 发起初创企业与工业高峰会议，代表由联邦经济与能源部、联邦初创企业协会、德国信息通信技术和新媒体协会、行业协会［比如德国工业联合会、德国汽车工业联合会（VDA）、德国电气工程师协会（VDE）、德国电气与电子工业协会（ZVEI）］、德国"初创数字经济"顾问委员会以及初创企业选派。

- 组织区域圆桌会议，组织初创企业以及各行业的工业企业参加的全国性活动，会议或者活动由政府和行业联合会召集。
- 建立咨询处，并在老牌企业中指定有权限的联络人，由其支持初创公司和刚成立的企业完成申请与委托流程。
- 创建适合初创企业及刚成立企业的商业资格认证流程，在（公共）采购招标书中对初创企业和刚成立的企业的具体框架条件予以考虑。
- 建立规模为 2.5 亿至 5 亿欧元的全国性私营部门盈利性后期基金，由国家作为共同投资人补充来自主要工业企业的投资。
- 让德国复兴信贷银行的基金对基金计划也能够覆盖单个工业企业的企业风险投资基金。

5.4

对劳动政策的要求

数字化将动摇劳动力市场。不仅工厂的许多日常工作会实现自动化（过去已经多次经历这样的情况），而且许多认知型任务也会实现自动化（到目前为止我们很少遇到这种情况），这些都只是时间问题。尤尼飞（Unify）公司的一项民意调查显示，三分之一的知识工作者预计未来五年中自己的工作岗位将会消失或者发生根本性变化。[157] 当然也有积极的一面：之前的所有经验告诉我们，技术进步也会创造许多新的就业机会，当前的信息工作岗位中有 65% 的岗位二十五年前还不存在，再过二十五年很可能会出现许多职业，但是现在很难预测是哪些。劳动政策也处在艰难的转型阶段，面临很高的不确定性，联邦劳动部长安德里娅·纳勒斯甚至称之为"历史性的变化"。

因此联邦劳动和社会保障部试图通过"工作 4.0"绿皮书[158] 预测"工业 4.0"的影响，并为讨论劳动政策所要采取的必要步骤提供论点。然而这份绿皮书读起来像是维持现状的说明书。如果劳动者的工作不久后无论如何都会由智能软件来完成，长期看来各种保护法也无法帮助他们克服困难，比如所谓的"点击工人"（电脑操作人员）。明智的劳动政策不能局限于保障现在的工作岗位，而是必须也要帮着创造未来的就业岗位。

> ● 相应的**数字化范式**可以明确为：劳动政策和工会保护了现在的工作岗位，却在很大程度上忽略了未来的工作岗位。但是必须首先创造出这些未来的工作岗位，才能谈得上保护这些岗位。因此，如果谁嘴上说的是数字工作，指的却是"点击工人"，那他并没有理解数字化给整个劳动力市场带来的挑战。正如"工业 4.0"政策过于侧重维持现状一样，目前围绕"工作 4.0"这个议题的讨论也不够超前。

政府仍在坚持原有的保护思想，还没有完全进入数字新时代，这一点从改革劳动合同与临时工作的法律草案上就已经看得出来，草案由联邦劳动部于 2015 年底提出，目标是遏制表面上的自力更生，这个目标显然非常高尚。为了改善工作不稳定的工人的状况，联邦劳动部显然忽视了时间与服务合约对于自由职业的计算机专家的重要性，他们广受欢迎而且薪水更高。如果计算机专家在项目进行期间出于安全原因使用公司的电脑工作，以这种情况作为判断表面上的自力更生的标准，与以使用雇主的清洁剂工作的清洁工作为标准进行评价得出的结果肯定是不一样的。这项法律极大地限制了信息技术领域的自由职业者的就业机会。因此，在这个职业人群中有很多人对该法律持反对意见。在一项民意调查中 80% 的人表示，法律对他们的职业有着负面影响；20% 的人甚至威胁说，如果目前的草案不做修改直接成为法律，他们就要移居国外。

5.4.1

促进灵活（数字）就业

现在联邦劳动部对法律草案进行了修订，但是这个例子清楚地表明了在政策上采取行动的必要性。一方面数字化带来的压力增加了对专家的需求，而另一方面专家越来越不愿意接受固定工作，不是因为没有固定工作，而是因为越来越多的专业人员不再愿意在公司的僵化结构中工作，或者企业只需要这些专业服务提供者来企业解决某些需要他们解决的问题。不仅对于计算机专家来说是这样，对于培训师或者转型管理专家来说也是这样，他们的能力随着数字化的发展变得越来越重要，高素质专业人员的技能与得到他们的可能性在全球范围内变得愈加透明，促进了按需聘用的发展。在数字世界中，固定就业关系正在越来越多地朝着另一种工作方式转变，即仅在需要的地方工作，并按需要确定工作时间的长短，而且不必出现在办公室。

因此，政府的一项重要任务是促进很受劳动力市场欢迎的数字化专家的灵活就业关系，而不是阻碍他们灵活工作。然而，许多旨在避免表面上的自力更生的规定所起的作用恰恰相反。因此，规定应允许对自力更生做必要的区分，合理的选择是按工资水平来区分，收入高于一定的工资线（最好根据行业平均水平来选择界线），就业保护法就应该失效，因为这些人不需要这种保护或者不想接受这种保护。

每天能挣几百甚至几千欧元的自由职业者可以自己决定自己在哪儿，工作8小时、10小时还是12小时，是否晚上仍然继续接受任务。也就是说，应该按照双重自愿原则行事，如果雇主和雇员同意，灵活性就不应该受到限制。为了保护那些需要保护的劳动者，可以采用设定工资门槛的做法，如果收入低于门槛，保护法将再次生效。至少在转型阶段，这种方法可以兼顾所有各方的利益。

5.4.2
获得（数字）继续教育的权利

随着数字化的发展，许多人在工作中的角色从劳动成果的产出者转变成了机器或者计算机的监控者。许多人的工作至今仍主要以体力和知识性熟练劳动为主，需要接受继续教育，为数字劳动力市场做好准备。劳动政策的中心任务是全力以赴地促进数字领域的继续教育。因此，赋予劳动者接受继续教育的权利是一种有效的做法，然而现行的法律规定中并不包含这项权利。正如小学的"数字学"或者中学的计算机必修课成了必须学习的内容一样，雇主也应出于自身利益考虑推动员工的数字继续教育。今后每月至少有一天时间要用于员工的数字继续教育。

要找到有足够技能的劳动者越来越困难，比如，博世公司已宣布2016年再次招聘约14 000名大学毕业生，未来更多的软件专家将在博世找到一份工作，博世正在从汽车部件供应商转变为一家提供技术与服务的企业。劳工事务主管克里斯托夫·基布勒认为，以物联网为媒介的网络化改变了博世的业务。[159] 因此，博世的人力资源需求比以往任何时候都更大。在博世公司的空缺职位中，几乎有一半与信息技术或者软件有关。博世特别需要信息技术系统或者嵌入式系统方面的软件开发人员，比如传感器系统就是嵌入式系统中的一种。新的工作正在现出轮廓，交叉专业技能越来越重要。

因此，电气工程、机械工程以及经济工程专业毕业生中那些有软件开发能力的学生有很好的机会入职博世公司。反过来，有汽车领域或者工程技术领域专业知识的经济信息学毕业生与软件工程师也很受汽车行业的欢迎。因为给企业——比如网络化工业企业——制定解决方案需要汇集不同的专业知识。

当然，需要未来的数字人才的企业不止博世一家，公司之间的人才争夺战正在如火如荼地进行。"不是求职者向企业申请工作，而是企业请人才来公司工作。以前来求职的有 30 个人，我可以问他们不那么好回答的问题。现在来 5 个，我设法激励 5 个人全都进入思科公司工作。"思科德国负责人奥利弗·图兹克这样说道。对人才的争夺变得异常激烈。[160]

企业已经明白，自己需要对大家都渴望得到的劳动者更具有吸引力。千禧一代（Y 一代）对工作有着不同的要求，不仅好的职业发展机会和高工资很重要，令人兴奋的课题、决策权限、灵活的工作选择、远程工作和优秀的团队也同样重要。对初创企业文化氛围的渴望与对企业组织形式的要求是一致的，即企业要能够对新变化做出快速而灵活的反应。然而，由于传统企业调整结构的过程非常缓慢，在应对新变化时不同的企业文化之间难免会爆发激烈的冲突。

对于"什么是数字化转型的最大障碍"这个问题，营业额超过 2.5 亿欧元的 2 000 家德国公司的决策者给出的答案是"捍卫现有结构"。在美国公司里，这样的理由肯定不会被人提及。由此可以看出根本性的两难之处，也就是说，那些很长时间里曾经很成功的公司正在失去变革能力，因此也会失去适应新情况的能力。即使董事们预见到了变革的必要性，整个公司的企业文化仍然是决定性的。在德国的数字化转型过程中，"文化是推动战略的动力源泉"这句老话比在以往任何时候都更加贴切。企业想要实现数字变革就必须从改变企业文化开始。

● 劳动政策的**数字化范式**是：继续教育是思想转型的关键，是获得
　所需技能的关键。雇主和雇员本来从自身出发应该对参加继续教
　育有浓厚的兴趣。然而，如果雇主与雇员的兴趣不相一致，劳
　动政策就应该引入"继续教育权"，推动这一需求迫切的进程。

5.5

对欧洲政策的要求

本书已经在多处指出，大型互联网公司和大多数创新型初创企业并非
来自欧洲，欧洲已经失去了跟上全球数字经济发展步伐的机会。欧洲现在
才认识到互联网上的社会、经济和政治主权对欧洲国家的重要性，有点晚
但还不算太晚。欧洲可以打造自己的数字化转型，创造出不同于其他国家
的模式。现在也到了发掘数字世界潜力的时候了，欧洲当年曾经征服了北
美这个"西部蛮荒之地"，而美国现在凭借其互联网公司征服了欧洲这个数
字世界的"东部驯服之地"。在线上竞争的数字基础设施和法律与金融框架
条件方面，欧洲目前还没有达成统一。由此造成的结果是欧洲在数字领域
的思考还不够宏大，没有把自己作为统一的数字区位来看待！

● "德国4.0"的相应**数字化范式**是：网络世界不是只有德国，德
　国不是数字荒岛。在互联网上，规模决定一切，欧洲只有通过
　共同的数字内部市场才能差不多跟上美国和亚洲的步伐。

　　然而，为了让欧洲也能够开始加入争夺网上主权的竞争，必须消除许多障碍，并为数字行动者创造激励机制。要做到这一点，欧洲首先需要拥有针对所有成员国居民的广泛数字权限。欧洲需要更多的"数字人才"来发展创新型线上初创企业，这些企业从一开始就要有全球意识，希望扩张到欧洲以外的地方。同时欧洲也需要对自己的传统产业实施数字化转型，让自己在旧经济领域的传统优势在新经济领域也能够成为优势。欧洲必须要让所有这些参与者都可以体验共同数字内部市场，无论他们是生产者还是消费者。要做到这一点，欧洲需要共同的行动框架。

　　德国"初创数字经济"顾问委员会与法国国家数字委员会共同起草了题为"欧洲的数字创新与数字化转型"的德法创新行动计划。[65]在2015年10月27日举行的数字经济联席会议上，委员会把这份计划交给了联邦经济和能源部长加布里尔和时任法国经济、工业和数字事务部长马克龙。时任法国总统奥朗德与德国总理默克尔共同邀请参会者到爱丽舍宫参加大会。鉴于人们呼吁出台数字欧洲政策，该行动计划也应该得到支持，计划包括15项关于发展欧洲共同数字内部市场的具体建议，涉及的议题有数字技能的教育与提升、建立欧洲数字初创企业生态系统、为数字创新提供资金支持、建立欧洲数字市场以及推动欧洲经济的数字化转型。

5.5.1

欧盟数字教育展望

　　为了使所有欧洲人都能了解数字技术（如编程、算法编程语言、数据分析、机器人技术、网页设计、3D打印等），数字教育必须逐步融入欧洲的主要教育计划。此外，欧洲人还必须弄清楚数字革命的所有维度（社会、政治、经济、技术和道德），并能够培养出创业者与创新（项目、合作等）所需要的技能。欧洲共同数字大学课程可能也会有助于改进教学、内容、方法和评估。

欧洲需要对数字教育进行大量投资，既包括来自政府机构的，也包括来自私营机构的，数字教育作为欧洲三层次路线图的重点必须关注的目标包括：使教学方法、教学内容与设备适应数字社会的需要；为发展有竞争力的电子教育行业提供支持；为电子创业设立新的教授职位与研究中心；培养创业者创建电子商业流程和商业模式的能力；为中小型企业与大型工业企业的职工保留获得创新和社会能力的巨大潜力。

为了设定研究领域的共同目标并简化汇集资源的手续，欧洲必须强化全欧数字学校、研究所、研究中心等的开放型合作网络；加强欧洲在数字化转型方面的跨学科研究计划，即方便人们学习经济、社会、法律、技术、伦理和组织学科的"大学数字课程"，简化参加跨国教育项目与研究项目的手续，方便大学生和研究人员的流动；而且欧洲要对教育环境与研究环境进行改革，通过改革促进跨学科合作、多元文化发展、知识转让和创业意识。

5.5.2

欧盟数字初创企业生态系统

欧洲必须从线上线下两个方面促进有助于欧洲项目网络化的交流，即欧洲要支持参与者的跨境协调以及初创企业、中小型企业和大型工业企业之间的合作，支持形成欧洲市场。欧洲还应该利用欧洲扶持计划资助由数字初创公司组织的展览会和活动，并为数字初创企业组织这样的展览会和活动。

欧洲的初创企业必须把根留在欧洲，这意味着欧洲必须归化国际人才，也就是说，欧盟应该在欧洲的孵化器、经济集群和城市之间建立结构性伙伴关系，制订"青年创业者伊拉斯谟计划"（ERASMUS für Jungunternehmer），还必须创建由欧洲奖学金支持的具有统一社会保障框架的"初创企业伊拉斯谟计划"（Startup-ERASMUS）。初创企业必须把自己定位为欧洲市场参与者，而非本国市场参与者。为了促进欧洲本地初创企业的发展，消除可能阻碍其国际化的障碍，欧洲应该支持为本地区的创新型初创企业制定便利而又统一的税收和社会福利方面的规定。短期看来，欧洲的初创企业可能会获得"初创型创新企业"的地位，取得该地位可以使初创企业从欧洲统一框架受益七年。而且初创企业可能会承诺发起"初创企业签证计划"，其中应该包括方便初创企业获取行政手续、国家资助计划的申请程序的信息（如获取补贴或者优惠税收规定）以及当地的资源网络（尤其是孵化器、投资者、导师）。

5.5.3

欧盟数字产品风险资本

为了促进对初创企业早期发展的投资，并方便个人投资数字经济，欧洲必须为投资天使创造吸引人的环境。为此欧洲必须建立投资天使网络，改善机构与私人投资天使的税收环境，并将储备资金引向创新。

但是，欧盟也必须在全欧范围内改善初创企业以及投资者进入金融市场的渠道。打造资本市场联盟应遵循以下几条原则：在欧盟国家建立单一、稳定、统一的监管框架；在金融市场内部（证券交易所）成立新基金（跨境基金、公私基金等）时要推动创新；开展最佳实践范例交流；在评价规则和专业知识方面开展合作。

此外，欧洲必须在自有资本领域取得更好的平衡。为了使融资链条适应以创新为基础的经济，欧洲必须从以债务为基础的融资转向以股权为基础的融资。为此目的，在为创新活动融资时，欧洲的数字政策必须调整机构投资者（银行、保险、公共机构）的角色，以此推动文化转型，进而设法改进新的商业模式的融资途径。

5.5.4
建立欧盟数字内部市场

为了将数字化商业模式从一个成员国快速输出到所有其他成员国，欧洲需要建立统一的平台。欧洲内部目前的数字输出份额不足2%，平台建成后将得到大幅提升。这些平台应该在"欧洲制造声誉杠杆"的基础上为减少成员国在数字产品、服务和商业模式方面存在的信息不对称以及推广欧洲自己的B2C和B2B产品提供支持。

欧洲必须统一规定，企业利润必须在所在地纳税，为此所有成员国必须支持建立数字税收管理机构的新规则，并承诺采取措施实施这些规则，尤其是在欧盟范围内，当然也包括在国际上，可以通过达成国际税收协议来实施。

此外，欧洲还必须就当前正在进行的贸易谈判（服务贸易协定、跨大西洋贸易与投资伙伴关系）框架内的问题确定共同的"数字权力立场"，这些谈判将会影响数字内部市场的外部范围。这一立场必须以关于数字资本的经济影响的新研究为基础，由工作组与大公司、中小型企业与公民社会一起来准备。共同立场必须尊重欧洲的基本原则，必须研究以下主要问题，即外部数据流（安全港协议），投资者、国家争端调解程序（ISDS）机制，成员国内部的数据自由流动。

5.5.5
欧盟经济的数字化转型

在数字经济、物联网和"工业4.0"方面，欧洲必须共同行动。为此欧洲至少要有自己内部的开放性共同标准。在大数据、文本挖掘和数据挖掘时代，只有通过这些共同标准才能形成对于数据可携性的共同立场，有了共同立场就可以方便各成员国的服务提供商回收利用各种应用程序在欧洲产生的数据。

此外，欧洲还需要开放的企业创新战略，为中小型企业与初创企业之间的合作创造有利的框架条件和共同的平台，其中也包括税收激励机制。欧盟还应为发展本地区的开放式创新与生产场所［工厂实验室（FabLabs）、创客空间和众创空间］提供财政支持。除了以上几点之外，为了更多地了解数字技术当前的升值趋势以及未来可能出现的应用领域，欧盟还必须扶持针对新产品、新商业模式、新技术以及社会影响的研究项目，重点是对传统手工业职业和在校大学生的影响。

6

德国 4.0

　　数字化转型比以前任何一次工业革命产生的经济影响与社会影响都要更大。正如本书第二章所描述的那样，作为转型起因的技术进步不是像蒸汽机时代一样仅仅存在于生产技术领域，而是同时发生在许多领域，而且这些技术进步在彼此相互促进。与之前的技术进步最重要的区别在于，转型不是始于制造商侧，而是始于消费者侧。本书把过去二十年称为数字化竞赛的上半场，人们首先观察到的是消费者的数字化，只用了十年时间，使用互联网的人数就达到了 10 亿，他们手握智能手机，活跃在社交网络上，把数据存放在云端。采用平台模式的数字公司能够以更低的价格及更快的速度满足消费者的需求，有时只是价格更低或者速度更快一些，比如，购买书籍或者预订旅行。新技术消解了以往条块分割的市场上存在于消费者与企业之间的许多原有联系。这些平台在短时间内就与客户建立了联系，现在可以在无须耗费额外资本的情况下把其他产品介绍给客户。亚马逊可以在不花一分钱进行营销的情况下开展二手车交易业务；脸书如果是银行，将成为老牌金融机构的重要竞争对手，而其所花费的成本仅是银行的一小部分。这些平台大多具有全球野心，如今几乎完全掌握在美国与亚洲公司的手中。在消费者市场上德国只有少数几家公司，没有多大的存在感。

　　由于网络效应，正常运转的平台正在吸引越来越多的供应商和需求者，在数字化竞赛的上半场结束时人们发现德国显然是输家之一，而且目前看不到消费者侧的情况将会发生改善的预兆，因为消费者侧的转型已经不再局限于计算机和智能手机等平台。目前最大的赌注是，虚拟现实眼镜可能成为下一个大型计算平台。脸书首席执行官马克·扎克伯格预计十年内使用这种眼镜的人数将达 10 亿。[161] 做出这样预测的人并非只有他，除了脸书、谷歌、微软、苹果和其他许多科技公司都在投资这项技术。但是如果有人这时只想到游戏，那他就太缺乏长远眼光了。对企业而言，眼镜会将信息和通信提升到新的水平。

因此数字企业仍在继续研究如何将客户关系长期掌握在自己手中。在综合型平台层面上，德国企业想要改变这种情况并不现实，但是在银行、出行、智能家居或者保健服务等单个市场上，德国企业仍有可能获得成功。我们再也不能无所作为地看着平台通过横向整合去占据这些市场上的客户关系。

思想转变

在数字化竞赛的上半场失利后，德国企业要想再次成为数字化转型的获胜者所要迈出的第一步是，首先要在思想上认识到我们面临的是根本性的变化。消费者的数字化以及与此相联系的平台的兴起只是第一阶段，接下来将是机器、工厂、城市、汽车和房屋的数字化。几乎所有产品都内置了智能软件、传感器和相应的联网功能，成为更庞大的物联网中的一部分，而物联网将会改变传统的工业结构和劳动分工。现在数字化才开始真正地走向制造商侧，将进一步加快转型的速度。

2000 年以来，世界 500 强企业（财富 500 强）中已经有一半公司从名单上消失了。数字化被认为是这一变化的主要推手，因为数字化不仅将苹果、谷歌、亚马逊等"赢家"送上了榜单，而且还在几年内把像诺基亚以及柯达公司这样的"失败者"踢了出去。更重要的是数字化对利润关系的影响，数字企业创造出了世界上最高的回报，这使它们有机会自己大力发展无人驾驶汽车等创新，甚至可以在必要时直接购入虚拟现实眼镜等创新。有人预计数字企业随着规模的扩大将变得不再那么具有创新能力，这种预测在一定程度上可能是有道理的，但是很有欺骗性，这是因为数字企业的巨大利润为其创造了机会，可以直接买入创新来弥补自己不断下降的创新力，从而保障现有业务或者进入新市场。多年来，科技公司一直是企业并购市场上最忙碌的买家之一，比如，谷歌已经通过收购进入了机器人业务，脸书通过收购 WhatsApp 确保了在短消息领域的优势地位。每年都有数十个规模较小的收购事件未对外界公布，但是数字公司总能够通过收购获得刚出现的商业创意和人才。风险资本家经常在硅谷为自己的投资寻找接收者，所以创新型初创企业层出不穷。成功的创始人通常会将资金再次用于创建新公司，形成资金的良性循环，可以不断地创造出新的创意。

竞争压力越来越大

最后是平台商务与高利润的结合，数字企业通过获得的丰厚利润确保了自己在核心业务中的地位，在数字化竞赛的下半场也会在制造商侧大显身手。谷歌进入了无人驾驶汽车、机器人、医药和能源领域，亚马逊进入了物流领域，脸书希望进入银行业务，这只是数字公司在其传统市场以外进行产品创新的第一批例子。这样的情况还会不断出现。

因此在数字化竞赛的下半场，德国企业面临的竞争压力并不会减小，在广度和深度上还会增加。虽然汽车行业近年来一直保持着与客户的联系，但是并没有针对硅谷的最新产品创新做足准备。"我们正在开启汽车行业的革命，汽车行业在未来五年中的变化将比在过去五十年中更大。"通用汽车公司首席执行官玛丽·巴拉这样说道。[114]此外，戴姆勒集团首席执行官蔡澈精辟地表述了当前的问题，即汽车行业面临第二个机器时代。[114]德国的汽车工业现在突然必须直面强大的竞争对手，如谷歌、特斯拉和优步，其他行业也必须预计到来自数字世界的新竞争对手。因此，在未来二三十年内，数字化将重新组织经济领域的权力关系，与之前几次工业革命一样，刚开始时大家也并不清楚谁将成为赢家。

德国的数字化转型

许多德国公司都是各自领域的领先者，在全世界享有盛誉，但是已经启程迈向数字世界的企业还是太少了。消费研究协会对德国2 000家公司进行的民意调查显示，五分之三的大公司没有认真实施数字化转型。[162]在年销售额超过2.5亿欧元的公司中，只有6%的企业的决策者将数字化视为最优先事项；在另外35%的公司中，数字化是决策者关注的前三大事项之一；在43%的公司中，数字化刚刚进入决策者关注事项的前十项；而在16%的公司中，数字化还根本没有列上日程。当然，总会有先行者，如博世、思爱普公司等，但是很多企业尚未认识到数字化的必要性。为创业公司创办孵化器，解下领带，全公司都以"你"相称，参加去硅谷的旅游团，这些做法是一回事，而认真实施数字化又是另一回事。

然而要使数字化转型获得成功，不仅公司领导层需要转变思想，还有很多其他事情要做。由于数字化不是暂时的，而是会长期伴随着我们，因此，必须在社会、政治和经济层面上做出努力。

实现"德国4.0"的二十五项措施

以下是德国数字化转型获得成功所要采取的二十五项措施：

1. **学会热爱科技**：学会热爱科技，因为科技会越来越多地塑造我们的生活。很难解释为什么正好是德国这个工程师国家对新技术持批评态度，比如社交媒体，没有哪个工业化国家使用社交媒体的人口的比例像德国这么低，而与此同时仇恨言论，比如充斥脸书的那些仇恨言论，在德国比在任何地方都要多。还有一个统计数据也许可以解释上述两点：德国学术界人士使用社交媒体的比例是全世界最低的。目前在世界上的其他地方，企业家、作家、记者和科学家使用脸书或者推特的大有人在，而德国的精英自视清高，对社交网络不屑一顾，还在炫耀自己的古董手机以及互联网禁欲。因此数字化的反对者和互联网批评者写的书只有在德国才会成为畅销书。在二十国集团的政府首脑中，德国总理默克尔是唯一一个没有推特账号的人。在德国 30 家市值最高的公司中，没有一个首席执行官有推特账号。当然推特账号肯定也挽救不了德国人在数字化上的颓势，但是其象征意义在于，我们终于开始重视这个"新大陆"了。我们必须接受数字技术占了上风这个事实，必须学会如何利用数字技术来造福社会和经济。

2. **不能把数字经济的命运交给数据保护者**：德国的许多数字项目刚一开始就陷入困境，因为数据保护者对项目有"担忧"。他们经常对德国已经很严格的数据保护法做出更具限制性的解释，使其成为真正的经济区位劣势。希望严格的数据保护能够成为一种区位优势，这个愿望尚未实现，并且在"大数据"时代也可能不再符合事实。数据保护很重要，但是应降级为必要的附带条件。

3. **为千兆社会建设更快的数据网络**：德国是最富有的工业国家之一，网络基础设施却是二流的。在实际达到的传输速度排名中，德国排在第二十位，在超高速光纤领域排名世界第二十八位。旨在鼓励投资而不是保护原有垄断者的智能监管以及更多的政府投资是亟须采取的措施。同时要认识到，提高数据网络的速度非常必要，但是仍不足以实现社会与经济的数字化转型。

4. **教育是新的失业保险**：工作岗位被机器人取代的可能性会随着教育程度的提高而降低。由于智能软件和机器人在工厂和办公室中承担起越来越多的日常事务，劳动者应该自愿为进入不易被替代的岗位从事工作而学习技能。没有继续教育，这种转变就不会成功。员工与雇主必须朝着这个目标共同努力。

5. **让数字化走进学校**：如果对政治家们说德国学校的数字教育大多不充分或者几乎没有，他们通常会回答："这是各州的事务；我们什么都做不了。"走在时代前列的老师很少；计算机课程往往只是教文字处理（Word）和演示文稿（Powerpoint）；现代编程语言课程更是少之又少。有些人认为数字原住民可以自己教会自己必要的知识，但是这些人没有认识到，现实情况是，数字原住民们主要是在玩电脑游戏。建议让计算机和统计学成为像德语或者英语那样的必修科目。为此必须首先让教师熟悉科技的最新发展，挪威等其他国家已经用行动告诉大家该怎么做，不能再找任何借口。

6. **让大学培养更多的创业者**：德国大学生上大学是为了成为信息技术行业的员工。在美国和其他国家，学生在相应的数字区位学习是为了毕业后去创业。恰恰是为了发展数字经济，我们还必须培养创业意识，把做创业者作为就业之外的另一种选择。

7. **停止顶尖科学家移居国外的趋势**：谷歌的无人驾驶汽车是德国人（塞巴斯蒂安·特鲁恩）设计的，另一位德国人（哈特穆特·内文）领导着谷歌的量子人工智能实验室。许多顶尖科学家现在为美国公司工作，因为这些公司可以提供更多的经费和最佳研究条件。为了阻止人才流失，经济界必须加大在新兴领域的投入，比如人工智能；同时国家必须为高校提供更多的资金，从而长期留住顶尖研究人员。

8. **必须建立数字内部市场**：德国必须将自己视为数字欧洲的一部分，欧洲可以而且必须共同数字化，因为单个国家对于网络世界来说都太小了。在与美国和亚洲的竞争中，欧洲国家只有加在一起才能宣称自己是个数字经济区。在建立欧洲内部市场的同时还必须同步建立欧洲数字内部市场。

9. **任命数字化转型部长**：德国联邦政府必须尽快设立独立的"数字部"，各州也必须建立负责数字政策的统一组织机构，比如，在州政府办公厅设立直接对州长负责的数字事务国务秘书。

10. **以更大的勇气推动数字经济区位政策**：在监管政策方面，我们可能不喜欢美国、中国或者俄罗斯扶持其数字企业的做法。但是成就证明他们是正确的，因为从这三个国家都走出了世界级的企业。德国自己的数字经济区位政策必须包括以下方面：给宽带网络建设更多的投资，创造公平的竞争条件，扶持初创企业。

11. **数字经济创业者**：通过防守无法赢得比赛。任何想要在数字经济中取得成功的人都必须准备好承担风险。像奥利弗·萨姆威尔这样的企业家希望在全球范围内参与竞争，并准备接受挫折，但是在德国他们经常会受到攻击，人们对他们充满了恶意。德国应该支持并扶持这样的企业家。

12. **数字速度**：德国企业必须认识到，消费者适应网上贸易的速度要快于企业的反应速度，与国际线上竞争对手不同，德国企业的反应要慢一些。由此得出的结论只能是，我们必须快速而又深入地在企业的各个层面迎接数字挑战。

13. **使用数据工作**：实际上，谷歌和脸书是最早系统地大量收集和评估数据的两家公司。现在他们具有几乎不可估量的竞争优势。尽管德国公司也有大量数据，但是未能理性地进行整理和分析利用，现在必须开始做这项工作，因为拥有的数据越多，人工智能和机器学习设备的功能就越好。现在还为时不晚，德国公司生产的每台机器和每辆汽车都会产生数据，利用这些数据开发合适的产品是数字时代最重要的任务之一。

14. **聘用技术侦察员**：微软创始人比尔·盖茨最近表示："六到十年后，我们可以在云端使用量子计算机。"[163] 然而并不是每个人都必须知道量子计算机的工作原理。问题的关键在于量子计算机可能可以做什么，量子计算机的计算速度比传统计算机最高要快1亿倍。第五代移动网络也正在规划中，将以比现在快100倍的速度传输数据，每个人都可以在智能手机上利用的计算能力正在增加。量子计算机仅是技术进步的一个例子。政府和企业决策者实时跟上技术进步的节奏越来越困难，因此决策者需要独立的技术侦察员，他们处在技术进步的热点之中，了解技术进步，可以向决策者解释什么东西对于做出正确的决定非常重要。

15. **将数字服务转变为商业模式**：基于联网产品第一批可利用数据的产品的全寿命服务将成为商业模式。企业的服务不再止于工厂门口，产品的全寿命周期服务成为重要的竞争因素，对公司组织有着深远影响。

16. **企业家需要学会以数字客户为出发点来思考问题**：互联网和智能手机把数字世界中的权力交给了客户，因此价值链必须始于客户，无论客户是终端用户还是其他公司。美国人贯彻这种思维方式的态度相当坚决，也因此非常成功。重要的是，只要我们坚持不懈地贯彻这种思维，这种态度就会影响公司的所有部门和流程。

17. **帮助中小型企业实现数字化**：大公司和创业公司正在迈向数字世界，但许多中小型企业仍然不知所措。多年来，中小型企业投资创新和研究项目的意愿一直在下降。德国中小型企业的研发支出中只有 14% 是由国家资助的，在其他国家这一比例要高出两倍多。税收方面的研发扶持可以帮助中小型企业开始实施数字项目。

18. **学习数字企业经济学**：数字市场如何运作？平台的特点是什么？什么是双边市场？数字化商业模式如何运行？企业决策者需要学习数字企业经济学，从而至少可以与新的竞争对手展开竞争并建立数字商务业务。

19. **了解数字风险模式**：优步公司为了占领市场，每年在中国损失达10亿美元，听起来像疯了似的，却是其明确战略的一部分，即在数字市场上只有第一名才算数。为了实现这一目标，这些企业投入大量资金并多年亏损。数字经济的风险模式都是面向这些大赌注的。不是所有的赌博都能赢，但如果赢了，就会出现一个新的巨人，很难再把它挤出市场。比如，德国人同样也不熟悉亚马逊采取的战略，亚马逊优先考虑的是增长数年甚至数十年，而不是盈利。我们也必须让德国学会接受这种风险模式。时尚零售商扎拉多是第一个范例，现在应该再有许多人跟上来。

20. **数字化商业模式优先于"工业 4.0"**：联邦政府的"工业 4.0"运动正朝着错误的方向发展。与此相关的工厂数字化提高了生产效率，却阻碍了商业模式的必要调整，也没有促进产品创新。如果没有人想再购买高效率生产的产品，只注意提高效率的人就会遇到问题。"工业 4.0"救不了诺基亚或者柯达公司。以产业为焦点的良好意愿应该被普遍的实施经济数字化转型的倡议快速取代。

21. **数字领导层**：企业首席执行官仍倾向于委托他人负责数字化转型，然而所有的经验表明，本来已经很难的文化转型只有在首席执行官的带领下才能奏效。数字化转型对企业的商业模式和组织有着深刻的影响，因此在转换过程中无论如何都迫切需要设立首席数字官。

22. **数字协同效应**：由于传统行业尚未成为创新型数字化商业模式的推动者，因此与数字经济初创公司的合作必须成为一种基本的企业战略。通过实体经济领域的大公司与数字经济领域的小企业之间的纵向合作，德国经济的数字化转型将会获得成功。然而，要做到这一点，必须通过孵化器或者协作性合作打破公司的僵化结构。

23. **无人驾驶汽车倡议**：汽车工业是德国经济的核心产业，向无人驾驶汽车和汽车共享模式的过渡将从根本上改变这个行业。还有什么比让德国成为这类汽车的领先国家更合适的战略呢？更快的批准程序、更快的法律调整速度和国家补贴是英国扶持汽车业的步骤。德国的目标是到2020年让上路行驶的电动汽车达到100万辆，现在看来这个目标已经无法实现，因此德国在这方面应该向英国学习。

24. **统一的电子政务**：德国要制定远大的目标。在国家电子政务战略2010中，联邦、州和地方政府要求，到2015年把德国的电子政务变成有效而又高效管理的国际基准[164]，然而现实是我们远非如此。"这项要求没有兑现，相反德国的电子政务落后于国际标准。"这是研究与创新专家委员会在评估报告中给出的客观评价。[165]服务项目很有限，不是非常人性化，数字化方面通行的全国统一服务项目仍然是例外。报告批评道："在电子政务领域，德国既没有全国性的有约束力的战略，也没有全国性的能够有效实施战略的协调机构，韩国和爱沙尼亚是电子政务领域的佼佼者。"但是，批评同时也为改善这种情况提供了路径，即建立全国性的电子政务门户网站，将联邦、州和地方政府尽可能多的服务项目捆绑在一起，这些服务要人性化，符合互联网服务的现行标准，要做到点击鼠标就可以办理企业注册和延签手续。

25. **企业领导机构中的数字配额**：为了做出数字化转型方面的开创性决策，企业领导层需要数字专业知识，公司的董事会和监事会中要有数字人才。当然这并不是说，其他级别的高管们就可以不用为数字世界而武装自己了，由于没有数字化转型的蓝图，领导机构的数字专业知识越深入越好。

技术进步永远不会像现在这么慢！随着数字化的发展，我们进入了一个新的时代，变革和适应将始终伴随着我们。数字化已经走出了计算机的世界，而越来越多地深入到人们的生活和工作当中。在下一个十年里，我们才会遇到许多数字临界点。人工智能、量子计算机，也许很快就会出现速度高达每小时 1 200 千米的客运超级高铁，这些将使我们现在还无法想象的事情成为可能，比如，坐火车从法兰克福半小时到达柏林。技术进步势不可当，与此相关的数字化商业模式和流程同样势不可当。如果我们能够根据自己的愿望和可能性积极塑造数字进程，我们也能够为数字未来打造出"德国 4.0"！

参考文献

［1］迈尼希（Mennig, R.）(2012)：典型的德国式日常生活，德国之声。http：//www.dw.com/de/ein-typisch-deutscher-tagesablauf/a-16362287（创建时间：2012/12/06）. 访问时间：2016/05/02。

［2］德国电视一台、二台（ARD、ZDF）(2016)：德国电视一、二台在线研究（ARD-ZDF-Onlinestudie.de.）。http：//www.ard-zdfonlinestudie.de/. 访问时间：2016/05/02。

［3］德国信息通信技术和新媒体协会（BITKOM）(2015)：消费电子产品的未来。https：//www.bitkom.org/Publikationen/2016/Leitfaden/CE-Studie-Update/160226-CE-Studie-2015-online.pdf. 访问时间：2016/05/02。

［4］联邦经济和能源部（BMWi）(2016)：数字化与你，我们的生活是怎么发生变化的。http：//www.bmwi.de/BMWi/Redaktion/PDF/Publikationen/digitalisierung-und du, property=pdf, bereich=bmwi2012, sprache=de, rwb=true.pdf. 访问时间：2016/05/02。

［5］德国信息通信技术和新媒体协会（BITKOM）(2011)：网络社会——对德国人使用媒体及信息行为的代表性研究。https：//www.bitkom.org/Publikationen/2011/Studie/Studie-Netzgesellschaft/BITKOM-Publikation-Netzgesellschaft.pdf. 访问时间：2016/05/02。

［6］联邦统计局（DESTATIS）(2015)：94% 的私人家庭有一部手机。https：//www.destatis.de/DE/PresseService/Presse/Pressemitteilungen/2015/05/PD15_172_631.html. 访问时间：2016/05/02。

［7］德国宽带倡议（Breitbandinitiative.de）(2015)：宽带峰会——数字基础设施带来创新。http：//breitbandinitiative.de/news/breitbandgipfel-innovationdurch-digitale-infrastrukturen. 访问时间：2016/05/02。

［8］德国宽带倡议、倡议21网（Breitbandinitiative、Initiative21.de）(2015)：数字基础设施——经济与社会的数字机遇。http：//www.initiatived21.de/portfolio/herbstkonferenz-2015-der-deutschen-breitbandinitiative/. 访问时间：Mai 2016/05/02。

［9］斯坦纳（Steiner）(2015)：德国与宽带建设，快速互联网还是数字蜗牛？http：//www.deutschlandradiokultur.de/deutschlandund-der-breitbandausbau-schnelles-internet-oder.1001.de.html?dram: article_id=315045. 访问时间：2016/05/02。

［10］联邦统计局（DESTATIS）(2015)：统计年鉴2015，国际附录。https：//www.destatis.de/DE/Publikationen/StatistischesJahrbuch/

InternationalerAnhang2015.pdf?_blob=publicationFile. 访问时间：2016/05/02。

[11] 维基百科（Wikipedia）（2016）：宽带互联网接入。https：//de.wikipedia.org/wiki/Breitband-Internetzugang. 访问时间：2016/05/02。

[12] 阿卡迈公司（Akamai.com）（2016）：阿卡迈的互联网帝国。https：//www.akamai.com/de/de/our-thinking/state-of-the-internet-report/index.jsp. 访问时间：2016/05/02。

[13] 数字说世界网（Welt-in-Zahlen）（2007）：国家信息，德国（欧洲）。http：//welt-in-zahlen.de/laenderinformation.phtml?country=44. 访问时间：2016/05/02。

[14] 经合组织网（OECD.org）（2014）：经合组织概况2014。http：//www.oecd.org/publications/factbook/. 访问时间：2016/05/02。

[15] 我们社会（Wearesocial.com）（2015）：2015年全球数字、社交与移动通信。http：//wearesocial.com/uk/special-reports/digital-social-mobile-worldwide-2015. 访问时间：2016/05/03。

[16] 消费者晴雨表（consumerbarometer.com）（2016）：谷歌消费者晴雨表。https：//www.consumerbarometer.com/en/. 访问时间：2016/05/03。

[17] 谷歌分析解决方案（Google Analytics Solutions）（2013）：网络在变快吗？http：//analytics.blogspot.de/2013/04/is-web-getting-faster.html（创建时间：2013/04/15）. 访问时间：2016/05/03。

[18] 高德纳咨询（Gartner）（2013）：创新洞察力：智能眼镜为工作场所的效率带来创新。访问时间：2013/10/30。

[19] 施泊尔（Schipper, L.）（2015）：物联网到底是什么？《法兰克福汇报》网络版。http：//www.faz.net/aktuell/wirtschaft/cebit/cebit-was-eigentlich-ist-das-internet-derdinge-13483592.html. 访问时间：2016/05/03。

[20] 德国清洁能源研究所、德国信息通信技术和新媒体协会（DCTI、BITKOM）（2015）：德国清洁能源研究所绿色指南——智能家居2015，您家的最佳解决方案。http：//www.dcti.de/fileadmin/user_upload/GreenGuide_SmartHome_2015_Webversion.pdf 访问时间：2016/05/12。

[21] 高德纳咨询（Gartner）（2015）：高德纳咨询公司表示到2020年40亿网联车辆将实现新的车载服务和自动驾驶功能。http：//www.gartner.com/newsroom/id/2970017. 访问时间：2015/05/12。

[22] 计算机周刊（Computerwoche）（2013）：技术驱动的生活转型越来越受欢迎。http：//www.computerwoche.de/a/wandel-des-lebens-durch-technologienimmt-fahrt-auf, 2549817. 访问时间：2016/05/12。

[23] 计算机协会（Association for Computing Machinery）（2013）：信息学教育：

欧洲决不能坐失良机。http：//europe.acm.org/1ereport/ACMandIEreport.pdf. 访问时间：2016/05/03。

[24] 施蒙特（Schmundt, H.）(2013)：学校的计算机课之争："地位在倒退"。http：//www.spiegel.de/schulspiegel/wissen/erziehungswissenschaftler-wollen-informatik-als-pflichtfach-einfuehren-a-903096.html（创建时间：2013/05/13）. 访问时间：2016/05/03。

[25] 国际教育成就评估协会（ICILS）(2013)：国际计算机和信息素养研究。http：//www.iea.nl/icils_2013.html. 访问时间：2016/05/03。

[26] 冯·博斯特尔（von Borstel, S.）(2014)： 使用互联网大大超出了许多德国学生的能力。http：//www.welt.de/politik/deutschland/article134556912/Internetueberfordert-vieledeutsche-Schueler-masslos.html（创 建 时 间：2014/11/20）. 访问时间：2016/05/03。

[27] 克诺普、黑弗内、施密特、弗德勒（Knop, K., Hefner, D., Schmitt, S., & Vorderer, P.）(2015)：移动设备媒体化，儿童和青少年使用手机和移动设备上网。北威州媒体研究所（LfM）媒体研究丛书，第77卷。莱比锡：维斯塔斯（Vistas）出版社。

[28] 施戴姆珀尔（Stempel, P.）(2015)：智能手机对儿童就像毒品一样。http：//www.rp-online.de/leben/gesundheit/news/smartphone-wirkt-auf-kinder-wieeine-droge-aid-1.5438402（创建时间：2015/10/02）. 访问时间：2016/05/03。

[29] 计算机学会（Gesellschaft für Informatik）(2016)： 大学计算机课程。https：//www.gi.de/service/informatik-studiengaenge.html. 访 问 时 间：2016/05/03。

[30] 联邦政治教育局（Bundeszentrale für politische Bildung）(2014)：德国的社会情况，在校大学生。http：//www.bpb.de/nachschlagen/zahlen-undfakten/soziale-situation-in-deutschland/61669/studierende. 访问时间：2016/05/24。

[31] 经合组织（OECD）(2015)：跨经济领域聘用信息和通信技术专家。https：//www.oecd.org/internet/ieconomy/ICT-Key-Indic-8_%20ICT%20specialists.xlsx. 访问时间：2016/05/12。

[32] 德国信息通信技术和新媒体协会（BITKOM）(2016)：在学校培养创业者意识？——行不通。新闻通告。https：//www.bitkom.org/Presse/Presseinformation/Gruendergeist-an-SchulenFehlanzeige.html. 访问时间：2016/05/03。

[33] 沃达丰社会与通信研究所（Vodafone Institute for Society and Communications）(2014)：谈革命：欧洲年轻一代在数字化世界中的机遇——欧洲六国研究。

http：//www.vodafone-institut.de/fileadmin/content/vf/images/beitraege/
economic_participation/YouGov/141118_2206-719_PubYouGov_Web.pdf.
访问时间：2016/05/03。

［34］毕斯特、希乐、谢斯塔科夫（Büst, R., Hille, M., & Schestakov, J.）
（2015）：数字商务准备程度：德国公司如何应对数字化转型。研究和产业人
员绩效中心。http：//www.dimensiondata.com/deDE/Downloadable%20
Documents/Digital%20Business%20Readiness%20Crisp%20Research%20
Article.pdf. 访问时间：2016/05/03。

［35］德国商报（Handelsblatt.com）（2015）：中小型企业跟不上数字化的步伐。http：//
www.handelsblatt.com/unternehmen/mittelstand/deutschermittelstand-
mittelstand-hinkt-bei-digitalisierung-zurueck/11411284.html（创建时间：
2015/02/23）. 访问时间：2016/05/03。

［36］多尔（Doll, N.）（2015）：戴姆勒首席执行官对苹果汽车的到来不以为然。
http：//www.welt.de/wirtschaft/article137695488/Daimler-Chef-reagiert-
gelassenauf-moegliches-iCar.html（创建时间：2015/02/22）. 访问时间：
2016/05/03。

［37］多尔（Doll, N.）（2016）：就像国际足联一样。http：//www.welt.de/print/
wams/wirtschaft/article151381308/Das-ist-wie-bei-der-FIFA.html. 访问时
间：2016/05/03。

［38］联邦统计局（Statista）（2016）：2006年至2014年电子商务市场容量及
2015年预测（单位：10亿欧元）。http：//de.statista.com/statistik/daten/
studie/202905/umfrage/prognostiziertesmarktvolumen-desdeutschen-
versandhandels/. 访问时间：2016/05/24。

［39］联邦统计局（Statista）（2016）：2013年至2014年德国销售额最高的100家网
上商店（单位：100万欧元）。http：//de.statista.com/statistik/daten/studie/
170530/umfrage/umsatz-der-groessten-online-shops-indeutschland/. 访问时
间：2016/05/03。

［40］克里弗顿（Clifton, J.）（2015）：美国人的创业意识：死还是活着？http：//
www.gallup.com/businessjournal/180431/american-entrepreneurship-
dead-alive.aspx. 访问时间：2016/05/12。

［41］鲍瑟姆（Bohsem, G.）（2015）：数字全球秩序。2015年《南德意志报》——经
济峰会。http：//www.sueddeutsche.de/wirtschaft/sz-wirtschaftsgipfel-
die-digitaleweltordnung-1.2695400（创建时间：2015/10/16）. 访问时间：
2016/05/03。

［42］凯利、辛格、赫灵顿（Kelley，D.，Singer，S.，& Herrington，M.）（2016）：全球创业观察（2015 年第 16 期）。http：//gemconsortium.org/. 访问时间：2016/05/12。

［43］风险资本联盟（Allianz für Venture Capitel）（2014）：https：//www.bve-online.de/download/allianz. 访问时间：2016/05/03。

［44］联邦经济和能源部（BMWi）（2015）：2015 年柏林数字经济监测报告。http：//bmwi.de/DE/Mediathek/publikationen,did=737476.html. 访问时间：2016/05/04。

［45］"生态"互联网经济协会（eco Verband der Internetwirtschaft e. V.）（2016）："生态"互联网经济协会研究报告：2017 年电子商务占 GDP 比例超过 50%。https：//www.eco.de/?s=53%20Prozent%20BIP. 访问时间：2016/05/04。

［46］德国初创企业联合会（BVDS）（2015）：2015 年德国初创企业监测报告。http：//deutscherstartupmonitor.de/. 访问时间：2016/05/04。

［47］尼尔森咨询公司（Nielsen）（2013）：任何创新产品都需要受众。http：//www.nielsen.com/content/dam/corporate/us/en/reports-downloads/2013%20Reports/Nielsen-Global-New-Products-Report-Jan-2013.pdf. 访问时间：2016/05/04。

［48］交易网（deals.com）（2015）：2014—2015 年欧洲美国网上贸易。http：//de.slideshare.net/Dealscom/dealscom-ecommercestudie2014-20140318162311. 访问时间：2016/05/12。

［49］北威州数据银行（Landesdatenbank NRW.）（2016）：https：//www.landesdatenbank.nrw.de/ldbnrw/online/data;jsessionid=7E84023B5B04C59D5A6A85E20E2920EC?Menu=Willkommn. 访问时间：2016/05/04。

［50］普华永道（PricewaterhouseCoopers）（2014）：数字化晴雨表。http：//www.pwc.de/de/digitaletransformation/assets/pwc_digitalisierungsbarometer_2014.pdf.访问时间：2016/05/04。

［51］恩尼格玛消费研究协会（GfK Enigma）（2014）：受德国中央合作银行委托进行的中小型企业问卷调查：数字化——对中小型企业的意义。https：//www.dzbank.de/content/dam/dzbank_de/de/library/presselibrary/pdf_dokumente/DZ_Bank_Digitalisierung_Grafiken.pdf. 访问时间：2016/05/04。

［52］HfS 研究（HfS Research）（2014）：颠覆还是被颠覆：数字技术对商业服务的影响。https：//www.accenture.com/t20150523T032510_w_/usen/_acnmedia/Accenture/Conversion-Assets/Microsites/Documents11/Accenture-Digital-Technologies-Business-Services.pdf. 访问时间：2016/05/04。

［53］易温哲、消费研究协会（Etventure、GfK）（2016）：德国研究。http：//

www.etventure.de/deutschlandstudie/. 访问时间：2016/05/04。

[54] 埃森哲（Accenture）（2016）：数字化密度指数：引领数字化转型。https：//
www.accenture.com/us-en/insight-digital-density-index-guidingdigital-
transformation.aspx. 访问时间：2016/05/04。

[55] 阿伦斯巴赫人口研究所（Institut für Demoskopie Allensbach）（2015）：
ACTA 2015 阿伦斯巴赫计算机与技术分析。http：//www.ifd-allensbach.de/
acta/konzept/uebersicht.html. 访问时间：2016/05/04。

[56] 维基百科（2016）：维基解密。https：//de.wikipedia.org/wiki/WikiLeaks.
访问时间：2016/05/04。

[57] 时代周刊在线（Zeit online）（2015）：因叛国罪起诉"网络政策网"
（netzpolitik.org）。http：//www.zeit.de/digital/2015-07/netzpolitik-
bundesgeneralanwaltlandesverrat（创建时间：2015/07/30）. 访问时间：
2016/05/24。

[58] 新闻网（Tagesschau.de）（2015）：叛国？对网络政策网的调查。http：//
www.tagesschau.de/inland/netzpolitik-ermittlungen-101.html（创建时
间：2015/08/07）. 访问时间：2016/05/24。

[59] 艾尔·迪弗拉奥乌依（El Difraoui, A.）（2011）：新媒体在"阿拉伯之春"中
的角色。联邦政治教育局，卷宗。http：//www.bpb.de/internationales/
afrika/arabischer-fruehling/52420/die-rolle-der-neuen-medien. 访问时间：
2016/05/04。

[60] 施密特（Schmidt, J.-H.）（2012）：民主网络？联邦政治教育局。载：政治
和当代历史7. http：//www.bpb.de/apuz/75830/dasdemokratische-netz？
p=0. 访问时间：2016/05/04。

[61] 联邦经济和能源部、联邦内政部、联邦交通部（BMWi、BMI、BMV）
（2014）：2014—2017 年数字议程。http：//www.bmwi.de/BMWi/Redaktion/PDF/
Publikationen/digitale-agenda-2014-2017，property=pdf，
bereich=bmwi2012，sprache=de，rwb=true.pdf. 访问时间：2016/05/04。

[62] 联邦议院网：https：//www.bundestag.de/ada. 访问时间：2016/05/04。

[63] 欧盟技术规范（EUR-Lex）（2010）：数字欧洲议程。http：//eur-lex.europa.eu/
legalcontent/DE/TXT/？uri=URISERV%3Asi0016. 访问时间：2016/05/24。

[64] 欧盟委员会（Europäische Kommission）（2010）：数字欧洲议程。http：//
eur-lex.europa.eu/legal-content/DE/TXT/HTML/？uri=URISERV：
si0016&from=DE. 访问时间：2016/05/06。

[65] 联邦经济和能源部（BMWi）（2015）：欧洲的数字创新与数字化转型。德法创新

行动计划（API）。德国经济部数字初创经济顾问委员会与法国国家数字委员会。http：//www.bmwi.de/BMWi/Redaktion/PDF/C-D/deutsch-franzoesischer-aktionsplaninnovationapibdjwcnnum，property=pdf，bereich=bmwi2012，sprache=de，rwb=true.pdf. 访问时间：2016/05/06。

[66] 石人网（Golem.de）（2016）：网络政治家也有成功的时候，凭良心说（IMHO）——评论。http：//www.golem.de/news/wlan-stoererhaftung-abgeschafftselbst-netzpolitiker-koennen-mal-erfolg-haben-1605-120840.html（创建时间：2016/05/11）.访问时间：2016/05/24。

[67] 布劳恩（Braun, A.）（2016）：数字化转型：震惊首席执行官的统计数据。创造力建设博客。http：//www.creativeconstruction.de/blog/digitale-transformation-die-statistik-die-jedenceo-um-den-schlaf-bringen-sollte/（创建时间：2016/02/29）.访问时间：2016/05/25。

[68] 施密特（Schmidt, H.）（2015）：迈克尔·E.波特：物联网对企业的影响大于之前所有的信息技术发展。https：//netzoekonom.de/2015/05/25/michael-e-porter-das-internet-der-dingeveraendert-unternehmen-staerker-als-alle-bisherigen-it-entwicklungen/（创建时间：2015/05/25）. 访问时间：2016/05/24。

[69] 福雷斯特研究公司（Forrester Research）（2016）：物联网热点地图，2016年：物联网对哪些数字商务的影响最大。https：//www.forrester.com/report/The+Internet+Of+Things+Heat+Map+2016/-/E-RES122661（创建时间：2016/01/14）.访问时间：2016/05/24。

[70] 斯里瓦斯塔瓦（Srivastava, M.）（2016）：全球19%的公司采用物联网：佛罗斯特，现场造币厂。http：//www.livemint.com/Industry/ByCNGfqZdxyJ6YUW0EhT1N/19-firms-globally-adopt-Internet-of-ThingsForrester.html（创建时间：2016/01/21）.访问时间：2016/05/24。

[71] 国际机器人联合会（IFR）（2015）：机器人世界——工业机器人2015，执行摘要。http：//www.worldrobotics.org/uploads/tx_zeifr/Executive_Summary_WR_2015.pdf. 访问时间：2016/05/24。

[72] 波士顿咨询公司（BCG）（2014）：波士顿全球制造业成本竞争力指数，BCG愿景。https：//www.bcgperspectives.com/content/interactive/lean_manufacturing_globalization_bcg_global_manufacturing_cost_competitiveness_index/（创建时间：2014/08/19）.访问时间：2016/05/12。

[73] 布莱特科普夫（Breitkopf, T.）（2016）：3D打印——德鲁巴印刷展（Drupa）的风向标。http：//www.rponline.de/wirtschaft/3d-druck-der-trend-der-messe-

drupa-aid-1.5976540（创建时间：2016/05/14）. 访问时间：2016/05/24。

[74] 路透社（Reuter）(2014)：印刷机制造——未来领域3D打印。http：//www.genios.de/branchen/druckmaschinenbau_zukunftsfeld_3d_druck/s_mas_20140428.html. 访问时间：2016/05/12。

[75] 梅茨（Metz, C.）(2015)：脸书开放人工智能硬件资源与谷歌展开竞争。http：//www.wired.com/2015/12/facebook-open-source-ai-big-sur/#slide-1（创建时间：2015/10/12）. 访问时间：2016/05/12。

[76] 世界经济论坛（World Economic Forum）(2015)：深度漂移，技术临界点及社会影响。http：//www3.weforum.org/docs/WEF_GAC15_Technological_Tipping_Points_report_2015.pdf. 访问时间：2016/05/06。

[77] 荣格（Jung, A.）(2016)：经济学家施特劳布哈尔论全球化："传统的大宗商品贸易即将成为过去式"。http：//www.spiegel.de/wirtschaft/unternehmen/thomas-straubhaar-klassischer-gueterhandel-ist-ein-auslaufmodell-a-1068787.html（创建时间：2016/01/09）. 访问时间：2016/05/12。

[78] 德勤（Deloitte）(2015)：汽车的未来。http：//www2.deloitte.com/content/dam/Deloitte/de/Documents/manufacturing/DUP-_Future-of-mobility.pdf. 访问时间：2016/05/24。

[79] 德国数字经济联合会（BVDW），RIAS 莱茵、鲁尔地区应用系统创新协会（2013）：数说经济数字 2008—2014，杜塞尔多夫。http：//www.bvdw.org/presseserver/bvdw_digitale_wirtschaft_zahlen_2013_2014/studie_mafo_die_digitale_wirtschaft_in_zahlen_von_2008_bis_2014_01.pdf. 访问时间：2016/05/09。

[80] "生态"互联网经济协会、理特管理顾问公司（eco Verband der deutschen Internetwirtschaft e. V., Little, A. D.）(2015)：德国网络经济 2015—2019。https：//www.eco.de/internetstudie.html. 访问时间：2016/05/12。

[81] 联邦经济和能源部（BMWi）(2014)：数字经济监测报告。https：//www.tnsinfratest.com/wissensforum/studien/pdf/bmwi/TNS_Infratest_Monitoring_Report_2014_Kurzfassung.pdf. 访问时间：2016/05/09。

[82] 瓦尔特施派格尔（Waltersperger, L.）(2015)：中国与硅谷的较量。http：//www.handelszeitung.ch/digitalisierung/china-nimmt-es-mit-dem-siliconvalley-auf-874459（创建时间：03. Oktober 2015）. 访问时间：2016/05/12。

[83] 卡克拉沃提，通拉特，卡图维帝（Chakravorti, B., Tunnard, C., & Chaturvedi, R. S.）(2014)：数字星球：为电子消费者的崛起做好准备。http：//fletcher.tufts.edu/~/media/Fletcher/Microsites/Planet%20eBiz/Digital%20

Planet%20-%20Executive%20Summary.pdf. 访问时间：2016/05/09。

[84] 德国信息通信技术和新媒体协会（BIRKOM）（2015）：数字化后德国经济表现如何？https：//www.bitkom.org/Presse/Presseinformation/Wo-steht-die-deutscheWirtschaft-nach-der-Digitalisierung.html. 访问时间：2016/05/02。

[85] 研究与创新专家委员会（EFI）（2016）：德国研究、创新与技术能力评估。http：//www.e-fi.de/fileadmin/Gutachten_2016/EFI_Gutachten_2016.pdf. 访问时间：2016/05/09。

[86] 罗恩茨海默（Ronzheimer, M.）（2016）：不是德国制造。http：//www.taz.de/!5276266/（创建时间：2016/02/18）. 访问时间：2016/05/24。

[87] 研究与创新专家委员会（EFI）（2016）：数字经济：德国必须赶上。http：//www.efi.de/fileadmin/Pressemitteilungen/Pressemitteilungen_2016/EFI_Pressemitteilung_Digitale_Wirtschaft.pdf. 访问时间：2016/05/12。

[88] 施密特（Schmidt, H.）（2014）：数字化将给德国带来巨大的增长动力。https：//netzoekonom.de/2014/11/21/digitalisierung-solldeutschland-gewaltigen-wachstumsschub-bringen/（创建时间：2014//11/21）. 访问时间：2016/05/24。

[89] 施密特（Schmidt, H.）（2015）：数字精英的商业模式。https：//netzoekonom.de/2015/12/01/die-bevorzugten-geschaeftsmodelle-fuer-dasdigitale-zeitalter-offenheit-und-plattformen/. 访问时间：2016/05/12。

[90] 焦点在线（Focus online）（2015）：研究报告：企业不知道如何实施"工业4.0"。http：//www.focus.de/finanzen/news/wirtschaftsticker/studieunternehmen-koennen-mit-industrie-4-0-wenig-anfangen_id_5035774.html（创建时间：2016/05/24）.

[91] 德国经济研究所（IW consult）（2015）："工业4.0"——准备。http：//www.iwconsult.de/aktuelles/broschueren-publikationen/industrie-40-readiness/（创建时间：2015/10/14）. 访问时间：2015/05/12。

[92] 欧特克计算机辅助设计、发明者杂志（AUTOCAD、Inventor Magazin）（2015）：工业4.0研究：数字化仍然被低估。http：//www.autocad-magazin.de/studie-zu-industrie-40-digitalisierung-wird nochunterschaetzt?utm_campaign=shareaholic&utm_medium=twitter&utm_source=socialnetwork（创建时间：2015/10/19）.

[93] 国际数据中心（International Data Corporation）（2015）："工业4.0"，工业生产的数字化获得成功的要素。http：//idc.de/de/research/multi-client-projekte/industrie-4-0-erfolgsfaktoren-fur-die-digitalisierungder-industrieproduktion. 访问时间：2016/05/09。

[94] 施密特（Schmidt, H.）（2015）：克莱门斯·菲斯特（Clemens Fuest）认为："德国的长期繁荣取决于数字化"。https：//netzoekonom.de/2015/10/17/clemens-fuest-deutschlands-langfristiger-wohlstand-haengt-vonderdigitalisierung-ab/. 访问时间：2016/05/12。

[95] 施密特（Schmidt, H.）（2015）：中国机器人＋谷歌软件对德国是个危险情况。https：//netzoekonom.de/2015/09/22/chinas-roboter-und-googlessoftware-sind-eine-gefaehrliche-konstellationfuer-deutschland/. 访问时间：2016/05/12。

[96] 施密特（Schmidt, H.）（2015）：只有7%的德国经理是"数字领导者"。https：//netzoekonom.de/2015/10/04/nur-7-prozent-der-deutschenmanager-sind-digital-leader/（创建时间：2015/10/04）. 访问时间：2016/05/24。

[97] 多尔（Doll, N.）（2015）：戴姆勒首席执行官对苹果汽车的到来不以为然。http：//www.welt.de/wirtschaft/article137695488/Daimler-Chef-reagiertgelassenauf-moegliches-iCar.html（创建时间：2015/10/22）. 访问时间：2016/05/12。

[98] 威斯（Weiß, M.）（2016）：戴姆勒首席执行官：这些硅谷企业的能力和见识超出了我们的预计。http：//www.neunetz.com/2016/03/04/daimler-chefdiese-silicon-valley-unternehmen-koennen-undwissen-schon-mehr-als-wirangenommen-hatten/（创建时间：2016/03/04）. 访问时间：2016/05/24。

[99] 埃文斯、加韦（Evans, P. C., & Gawer, A.）（2016）：平台企业的崛起，全球调查。http：//thecge.net/wp-content/uploads/2016/01/PDF-WEBPlatform-Survey_01_12.pdf. 访问时间：2016/05/09。

[100] 斯泰尔（Steier, H.）（2015）：在苹果音乐"平台总是战胜产品"启动之际的分析。http：//www.nzz.ch/digital/apple-music-start-spotify-ld.852. 访问时间：2016/05/12。

[101]《焦点》特刊（Focus Spezial）（2015）：2015年度最佳雇主。慕尼黑：焦点杂志。

[102] 迈克尔·E.波特在2015年波士顿PTC Lifeworx大会上的原话。2015/05/05。

[103] 克里斯滕森（Christensen, C.）（2016）：颠覆性创新。http：//www.claytonchristensen.com/key-concepts/. 访问时间：2016/05/09。

[104] 国际商用机器公司（IBM）（2016）：首席数字官重新定义互联：首席信息官的观点。http：//www-935.ibm.com/services/c-suite/study/studies/cio-study/. 访问时间：2016/05/09。

[105] 冒险之旅网（Venturebeat.com）（2015）：亚马逊几乎控制了所有产品搜

索中的一半业务，而营销人员忽略了全渠道营销。http：//venturebeat. com/2015/10/06/amazon-commands-almost-half-of-all-product searches-andmarketers-are-ignoring-omnichannel/. 访问时间：2016/05/09。

[106] 研究和产业人员绩效中心（Crisp Research）(2015)：数字领导者——数字时代的领导层。https：//www.crisp-research.com/report/digital-leader/. 访问时间：2016/05/09。

[107] 施密特（Schmidt, H.）(2015)：无人驾驶汽车可能使汽车数量减少多达40%。https：//netzoekonom.de/2015/02/11/autonome-autoskoennen-zahl-der-pkw-bis-zu-43-prozent-reduzieren/（创建时间：2015/02/11）. 访问时间：2016/05/24。

[108] 汤姆森（Thomson, I.）：http：//feed.theregister.co.uk/atom?a=Iain%20Thomson.

[109] 管理发展研究所 & 思科（IMD & Cisco）(2015)：数字旋涡：数字颠覆如何重新定义工业。http：//www.imd.org/uupload/IMD.WebSite/DBT/Digital_Vortex_06182015.pdf. 访问时间：2016/05/09。

[110] 麦恩科（Meinke, U.）(2015)：通用汽车首席执行官玛丽·巴拉：我们很谦虚但是很渴望。《西德意志汇报》。http：//www.derwesten.de/wirtschaft/gm-chefin-marybarra-wir-sind-bescheiden-aber-hungrig-id11558788.html（创建时间：2016/02/12）. 访问时间：2016/05/24。

[111] 施密特（Schmidt, H.）(2016)：未来汽车，快如音速。《焦点》杂志第9期。http：//www.focus.de/magazin/archiv/mobilitaet-der-zukunft-schnellwie-der-schall_id_5315274.html（创建时间：2016/02/27）. 访问时间：2016/04/24。

[112] 毕马威（KPMG）(2016)：2016年全球汽车业高管人员调查，从以产品为中心的世界转向服务驱动的数字宇宙。https：//assets.kpmg.com/content/dam/kpmg/pdf/2016/01/gaes-2016.pdf. 访问时间：2016/05/09。

[113] 时代在线（Zeit online）(2016)：每辆电动汽车补贴4 000欧元。http：//www.zeit.de/politik/deutschland/2016-04/bundesregierung-elektroautossubvention-kaufpraemie（创建时间：2016/04/27）. 访问时间：2016/05/24。

[114] 施密特（Schmidt, H.）(2016)：无人驾驶和共享是数字汽车的未来。https：//netzoekonom.de/2016/03/18/11558/. 访问时间：2016/05/12。

[115] 奥兰诺夫、拉迪诺伊思（Olanoff, D., & Lardinois, F.）(2015)：亚马逊推出混合设计新高价会员空中无人机服务，科技危机。http：//techcrunch.com/2015/11/29/amazon-shows-off-new-prime-air-drone-with-hybrid-design/（创建时间：2015/11/29）. 访问时间：2016/05/12。

[116] 贵士技术营销（Quest TechnoMarketing）(2015)：2018年前德国机器

制造业中机器人的使用及其与机器自动化的融合。http：//www.quest-technomarketing.de/fileadmin/pdf/Quest_Roboter2018_Prospekt.pdf. 访问时间：2016/05/09。

[117] 提利（Tilley, A.）(2015)：谷歌公司收购奈斯特公司，距离通过织物主导整体的家居又近了一步。http：//www.forbes.com/sites/aarontilley/2015/10/01/google-owned-nest-just-got-one-step-closer-to-total-home-dominationwith-weave/#715d4ca72225. 访问时间：2016/05/12。

[118] 明镜在线（Spiegel online）(2016)：麦肯锡研究：四分之一的保险业岗位可能不保。http：//www.spiegel.de/karriere/berufsleben/jobs-inversicherungsbranche-werden-durch-computer-ersetzt-a-1073918.html（创建时间：2016/01/20）. 访问时间：2016/05/12。

[119] 施密特（Schmidt, H.）(2015)：未来的工作岗位：数字为主。https：//netzoekonom.de/2015/09/27/die-jobs-der-zukunft-hauptsache-digital（创建时间：2015/09/27）. 访问时间：2016/05/12。

[120] 弗雷、奥斯本（Frey, C. B., & Osborne, M. A.）(2013)：就业前景：工作岗位对大量使用计算机的敏感性如何？http：//www.oxfordmartin.ox.ac.uk/downloads/academic/The_Future_of_Employment.pdf. 访问时间：2016/05/10。

[121] 施密特（Schmidt, H.）(2015)：数字化威胁着知识工作者的日常工作。https：//netzoekonom.de/2015/05/09/die-digitalisierunggefaehrdet-vor-allem-routine-jobs-der-wissensarbeiter/（创建时间：2015/05/09）. 访问时间：2016/05/12。

[122] 施密特（Schmidt, H.）(2016)：没有一个行业可以躲过数字颠覆。https：//netzoekonom.de/2016/01/19/keine-industrie-ist-vor-digitaler-disruptiongefeit/（创建时间：2016/01/19）. 访问时间：2016/05/12。

[123] 明镜在线（Spiegel online）(2015)：德国劳动力市场与职业研究所研究报告：数字化威胁着6万个工业领域的工作岗位。http：//www.spiegel.de/wirtschaft/unternehmen/industrie-4-0-digitalisierung-bedroht-60-000-arbeitsplaetze-a-1059153.html（创建时间：2015/10/22）. 访问时间：2016/05/12。

[124] 施密特（Schmidt, H.）(2015)："工业4.0"会减少工作岗位，但不实施数字化会摧毁更多工作岗位。https：//netzoekonom.de/2015/11/09/industrie-4-0-kostet-arbeitsplaetze-aber-der-verzicht-auf-digitalisierungvernichtet-viel-mehr-jobs/（创建时间：2015/11/09）. 访问时间：2016/05/24。

[125] 崔、曼伊卡、米雷马蒂（Chui, M., Manyika, J., & Miremadi, M.）(2015)：

工作场所自动化的四项原则。麦肯锡季刊。（2015/11）。访问时间：2016/05/24。

[126] 施密特（Schmidt, H.）（2016）：德国人没有看到人工智能改变世界的力量。https：//netzoekonom.de/2016/03/23/11670/（创建时间：2016/03/23）. 访问时间：2016/05/24。

[127] 鲁斯曼、洛伦茨、盖尔波、瓦尔德内尔、尤斯图斯、恩格尔、哈尔尼施（Rüßmann, M., Lorenz, M., Gerbert, P., Waldner, M., Justus, J., Engel, P., & Harnisch, M.）（2015）："工业4.0"：制造业劳动生产率与增长的未来。波士顿咨询公司。https：//www.bcgperspectives.com/content/articles/engineered_products_project_business_industry_40_future_productivity_growth_manufacturing_industries/. 访问时间：2016/05/10。

[128] 斯托克尔（Stöcker, C.）（2016）：人工智能：非常狡猾还是非常可爱。http：//www.spiegel.de/netzwelt/gadgets/kuenstliche-intelligenzwerden-maschinen-schlauer-als-menschen-sein-a-1072650.html（创建时间：2016/01/19）. 访问时间：2016/05/24。

[129] 里格尔（Rieger, S.）（2014）：联邦政府如何定位数字政策？数字议程的职责、形成过程和管理模式。柏林：新责任基金会。https：//pound.netzpolitik.org/wp-upload/Policy-Brief_Digitale_Agenda.pdf. 访问时间：2016/05/10。

[130] 毕塞利（Biselli, A.）（2014）：新责任基金会分析：总理府需要数字议程吗？https：//netzpolitik.org/2014/analyse-der-stiftungneue-verantwortung-braucht-die-digitale-agenda-das-kanzleramt/（创建时间：2014/08/20）. 访问时间：2016/05/10。

[131] 联邦议院（Bundestag. de）（2014）：共同迈向数字欧洲。https：//www.bundestag.de/bundestag/ausschuesse18/a23/artikel_lemaire/337372. 访问时间：2016/05/10。

[132] 联邦经济和能源部、联邦司法和消费者保护部（BMWi、BMJV）（2014）：联邦经济部、联邦司法和消费者保护部提出的"数字经济中更多的安全、主权和自决权"措施计划，社会、经济和消费者面临的挑战和行为因素。http：//www.bmwi.de/BMWi/Redaktion/PDF/M-O/massnahmenprogramm-mehr-sicherheit-souveraenitaetund-selbstbestimmung-in-der-digitalen-wirtschaft, property=pdf, bereich=bmwi2012, sprache=de, rwb=true.pdf. 访问时间：2016/05/10。

[133] 阿贝尔（Abel, A.）（2016）：经济界希望设立数字事务国务秘书。http：//www.morgenpost.de/wirtschaft/article206912209/Wirtschaft-will-

Staatssekretaerfuer-Digitales.html（创建时间：2016/01/12）. 访问时间：
2016/05/24。

[134] 网络政策网（netzpolitik.org）(2016)：关于我们。https：//netzpolitik.
org/about-this-blog/. 访问时间：2016/05/12。

[135] 克洛泽、鲁马、赖歇尔、塞尔霍夫、施维科特、提尔曼（Krause, L.-K.,
Lumma, N., Reichel, S., Sälhoff, P., Schwickert, D., & Tillmann,
H.)(2015)：数字政策是社会政策，必须进行设计，与D64合作的进步中
心——数字进步中心。政策简报6。http：//www.progressiveszentrum.
org/wpcontent/uploads/2015/12/pb_06_2015_digitalpolitik_ist_
gesellschaftspolitik.pdf, http：//www.progressives-zentrum.org/
digitalpolitik-ist-gesellschaftspolitikund-muss-gestaltet-werden/. 访问
时间：2016/05/10。

[136] 策尔尼希、法尔克、克莱奇默、沃斯曼（Czemich, N., Falck, O., Kretschmer,
T., & Woessmann, L.)(2009)：宽带基础设施与经济增长。德国慕尼黑大
学经济研究中心信息与预测研究院（CESifo）工作文件编号2681。https：//
www.cesifogroup.de/pls/guestci/download/CESifo%20Working%20
Papers%202009/CESifo%20Working%20Papers%20December%202009/
cesifo1_wp2861.pdf. 访问时间：2016/05/10。

[137] 联邦交通和数字基础设施部（BMVi）(2014)：研究报告："在郊区和农村地
区投资建设成功的或者有前景的高效网络投资项目"。http：//www.bmvi.de/
SharedDocs/DE/Artikel/DG/investitionsprojekte.html. 访问时间：2016/05/10。

[138] 盖尔内（Gellner, T.)(2016)：2018年建成宽带网络的目标可能无法实现。
《勃兰登堡汇报》。http：//www.maz-online.de/Brandenburg/Breitband-
Ausbaubis-2018-steht-auf-der-Kippe（创建时间：2016/02/05）. 访问时间：
2016/05/24。

[139] 鲁德尔（Rudl, T.)(2015)：网络运营商协会呼吁建立全覆盖千兆网。https：//
netzpolitik.org/2015/netzbetreiberverbaende-fordern-gigabit-netze-fuer-
alle/（创建时间：2015/09/10）. 访问时间：2016/05/10。

[140] 克莱默、维维奥拉、维恩哈特（Krämer, J., Wiewiorra, L., & Weinhardt,
C.)(2013)：网络中立：进展报告。《电信政策》37（9），794—813。

[141] 赫特格斯（Höttges, T.)(2015)：网络中立——在雷区寻求共识。https：//
www.telekom.com/medien/managementzursache/291708. 访问时间：2016/05/10。

[142] 博伊特（Beuth, P.)(2015)：网络中立：快速激化。http：//www.zeit.de/digital/
internet/2015-10/netzneutralitaet-telekom-hoettges-startupsspezialdienste（创

建时间: 2015/10/29). 访问时间: 2016/05/12。

[143] "数字初创经济" 顾问委员会（BJDW）(2015)：网络中立：不能对初创企业收取线上费用。https: //www.bmwi.de/BMWi/Redaktion/PDF/B/bjdw-pressemitteilung-netzneutralitaet-keine-online-maut-startups, property=pdf, bereich=bmwi2012, sprache=de, rwb=true.pdf. 访问时间: 2016/05/10。

[144] 《芯片》杂志（Chip）(2015)：亚马逊令人讨厌的价格骗局：苹果用户支付的价格更高的原因。http: //www.chip.de/news/Fieser-Preistrick-bei-Amazon-AppleNutzer-zahlen-mehr-aus-Gruenden_84837549.html. 访问时间: 2016/05/10。

[145] 莱茵邮报在线（RP online）(2016)：对线上价格分裂的愤怒。http: //www.rp-online.de/wirtschaft/safer-internet-day-2016-aerger-ueber-gespaltene-online-preiseaid-1.5754439 (创建时间: 2016/02/09). 访问时间: 2016/05/12。

[146] 计算机学会（GI）(2016)：达格斯图宣言：数字互联世界中的教育。https: //www.gi.de/aktuelles/meldungen/detailansicht/article/dagstuhl-erklaerung-bildung-in-der-digitalen-vernetzten-welt.html. 访问时间: 2016/05/10。

[147] "数字学" 网（digitalkunde.de）(2016)：提高学校的数字化程度——2月项目启动。http: //digitalkunde.de/2016/01/28/schulen-digitaler-machen-projektstartim-februar/. 访问时间: 2016/05/10。

[148] "数字学" 项目 http: //digitalkunde.de/projekt。

[149] 联邦经济和能源部（BMWi）(2016)：数字战略 2025。http: //www.de.digital/KADIST/Navigation/DE/Home/home.html. 访问时间: 2016/05/10。

[150] 计算机学会（GI）(2013)：欧洲错失发展机遇：德国的技术区位因缺少信息技术能力而受到威胁。新闻稿。https: //www.gi.de/nc/presse/detailansicht/article/europa-verliert-den-anschluss-technologie-standort-deutschland-ist-aufgrundfehlender-it-kompetenze-1/druckversion.html (创建时间: 2013/06/04). 访问时间: 2016/05/24。

[151] 科瓦贝克（Quadbeck, E.）(2014)：社民党主席加布里尔的创意，让计算机语言成为学校科目。http: //www.rp-online.de/politik/deutschland/sigmargabriel-computersprache-soll-schulfach-werden-aid-1.4551896 (创建时间: 2014/09/25). 访问时间: 2016/05/12。

[152] 鲁马（Lumma, N.）(2012)：鲁马专栏：为什么要让孩子们学习编程? http: //t3n.de/news/lumma-kolumne-kinder-361939/ (创建时间: 2012/01/26). 访问时间: 2016/05/12。

[153] "初创数字经济" 顾问委员会（BJDW）(2013)：数字初创经济顾问委员会报

告（01/13）。http：//www.bmwi.de/BMWi/Redaktion/PDF/B/beirat-jubge di
gitalewirtschafthandlungsempfehlungen，property=pdf，bereich=bmwi2012,
sprache=de，rwb=true.pdf.访问时间：2016/05/10。

[154]里姆（Riehm，P.）（2012），德国数字经济联合会（BVDW）和慕尼黑媒
体与传播大学（MHMK）：数字经济领域需要大量毕业生。http：//www.
bvdw.org/presse/news/article/bvdwund-mhmk-hohe-nachfrage-nach-
berufseinsteigern-in-digitaler-wirtschaft.html.访问时间：2016/05/12。

[155]科隆莱茵应用技术大学（Rheinische Fachhochschule Köln）（2014）：新
的数字商务管理硕士课程。新闻。http：//www.rfh-koeln.de/aktuelles/
meldungen/2014/neuer_master_dbm/index_ger.html（创建时间：2014/10/22）.
访问时间：2016/05/24。

[156]联邦经济和技术部（BMWi）（2015）：德国政府信息和通信技术战略"数字德
国2015"。https：//www.bmwi.de/BMWi/Redaktion/PDF/Publikationen/
digitalestrategie2025，property=pdf，bereich=bmwi2012，sprache=de,
rwb=true.pdf.访问时间：2016/05/10。

[157]尤尼飞（Unify）研究（2016）：三分之一的知识工作者现在坚信自己的工作
岗位五年后将不复存在。http：//www.unify.com/de/news/324EEA0C-
E9D0-465F-95D3-6DB5EABD1E7B/.访问时间：2016/05/12。

[158]联邦劳动和社会保障部（BMAS）（2015）："工作4.0"绿皮书。http://
www.bmas.de/SharedDocs/Downloads/DE/PDF-Publikationen-DinA4/
gruenbuch-arbeiten-viernull.pdf；jsessionid=37478BB0C6087DD5DEEA
759081A98A0A？_blob=publicationFile&v=2.访问时间：2016/05/10。

[159]阿德尔曼（Adelmann，S.）（2016）：博世希望聘用成千上万名软件开发工程
师。http：//www.funkschau.de/mobile-solutions/artikel/128124/（创建时
间：2016/03/03）.访问时间：2016/05/12。

[160]海瑟在线（Heise online）（2008）：计算中心的奥利弗·图兹克回答达米
安·西肯的问题。http：//www.heise.de/resale/artikel/Oliver-Tuszik-
von-Computacenter-antwortet-Damian-Sicking-273560.html（创建时间：
2008/08/25）.访问时间：2016/05/24。

[161]施密特（Schmidt，H.）（2016）：展望未来——虚拟现实眼镜可能成为下一个
计算平台。https：//netzoekonom.de/2016/05/03/blick-die-zukunft-virtual-
reality-brillen-koennten-die-naechste-grossecomputing-plattform-werden/
（创建时间：2016/05/03）.访问时间：2016/05/12。

[162]施密特（Schmidt，H.）（2016）：60%的大公司没有认真实施数字化转型。

https：//netzoekonom.de/2016/03/02/zweidrittel-der-grossunternehmen-nehmen-die-digitale-transformation-nicht-inangriff（创建时间：2016/03/02）.访问时间：2016/05/24。

[163] 彼得考基斯（Pethokoukis，J.）（2016）：比尔·盖茨如何看待量子计算、机器人和教育的未来。美国企业协会（AEI）。http：//www.aei.org/publication/what-bill-gates-just-said-about-the-futureof-quantum computing-robotics-and-education/（创建时间：2016/03/09）.访问时间：2016/05/24。

[164] 信息技术计划委员会（IT-Planungsrat）（2010）：国家电子政务战略。信息技术计划委员会2010年9月24日决议。http：//www.cio.bund.de/SharedDocs/Publikationen/DE/Aktuelles/nationale_e_government_strategie_beschluss_20100924_download.pdf?__blob=publicationFile.访问时间：2016/05/10。

[165] 研究与创新专家委员会（EFI）（2016）：德国研究、创新及技术能力评估报告。http：//www.e-fi.de/fileadmin/Gutachten_2016/EFI_Gutachten_2016.pdf.访问时间：2016/05/10。